AF576492

L'ONU en Afrique
depuis les indépendances

Collection « Études africaines »

dirigée par Denis Pryen et son équipe

Forte de plus de mille titres publiés à ce jour, la collection « Études africaines » fait peau neuve. Elle présentera toujours les essais généraux qui ont fait son succès, mais se déclinera désormais également par séries thématiques : droit, économie, politique, sociologie, etc.

Dernières parutions

Samba NDIAYE, *Conditions de vie des populations dans la ville de Dakar*, 2023.
Angélus TSONGO MAFIKIRI (dir.), *Le développement local à l'épreuve de l'informel. Le cas de la région de Butembo en RDC*, 2023.
Eric Olivier Sébastien DIBAS-FRANCK (dir.), *La construction maritime au Congo. Hommage au ministre Martin Parfait Aimé Coussoud-Mavoungou*, 2023.
Souleymane DOUMBIA, *Le Sahel, de l'indépendantisme au terrorisme islamiste*, 2023.
Cédric ONDAYE-EBAUH, *Comprendre les enjeux bancaires en Afrique centrale. Prospectives économiques des temps présents*, 2023.
Chrysostome CIJIKA KAYOMBO, *L'éducation des adultes en Afrique*, 2023.
Chrysostome CIJIKA KAYOMBO, *Alphabétisation et développement en Afrique*, 2023.
Patrick MILABYO KYAMUSUGULWA, *Gouvernance locale et reconstruction communautaire. L'est de la R.D. Congo*, 2023.
Ari GOUNONGBÉ, *L'individu collectif, Ubuntu au quotidien et en clinique psychologique*, 2023.
Jérôme OLLANDET, *La France et le Congo-Brazzaville, Histoire d'une marche singulière*, 2023.
Hans Peter HAHN, Alain Joseph SISSAO, Amado KABORÉ et Kathrin KNODEL (dir.), *L'avenir des ONG en Afrique de l'Ouest*, 2023.

Réné Bidias

L'ONU en Afrique depuis les indépendances

Six décennies d'assistanat international pour le développement

L'Harmattan

Du même auteur

La première crise congolaise racontée aux Camerounais, 1960-1965, Paris, L'Harmattan, 2018.

Comprendre les relations internationales contemporaines, Paris, L'Harmattan, 2020

La diplomatie camerounaise au service du nouvel ordre économique international 1960-1980, Paris, L'Harmattan, 2020.

5-7, rue de l'Ecole-Polytechnique, 75005 Paris
http://www.editions-harmattan.fr
ISBN : 978-2-14-035455-7
EAN : 9782140354557

DÉDICACE

À ma très chère épouse,
Et mes enfants.

SOMMAIRE

LISTE DES SIGLES ET ACRONYMES

APD : Aide Publique au Développement
BM : Banque Mondiale
CCNUCC : Convention Cadre des Nations Unies sur les Changements Climatiques
CDB : Convention sur la Diversité Biologique
CEA : Commission économique des Nations unies pour l'Afrique
CIPD : Conférence Internationale sur la Population et le Développement
CTP : Conseiller technique Principal
DDIA : Décennie du développement industriel de l'Afrique
DSRP : Document de Stratégie de Réduction de la Pauvreté
FAS : Facilité d'Ajustement Structurel
FASR : Facilité d'Ajustement Structurel Renforcé
FMI: Fonds Monétaire International
NEPAD: *New Partnership for the African Development*
NOEI : Nouvel Ordre économique International
OCDE : Organisation de coopération et de développement économique
ODD : Objectifs de Développement Durable
OMD : Objectifs du Millénaire pour le Développement
OMS : Organisation Mondiale de la Santé
OUA : Organisation de l'Unité Africaine
ONU : Organisation des Nations unies
PANUDERA : Programme d'Action des Nations unies pour le Redressement économique et le Développement de l'Afrique
PDA : Programme d'Action du Caire
PIS : Programme d'Investissement Sectoriel
PMA : Pays les Moins Avancés
PPREA : Programme Prioritaire de Redressement Économique de l'Afrique
PPTE : Pays Pauvres et Très Endettés

PNAE : Plans Nationaux d'Action pour l'Environnement
PNUD : Programme des Nations Unies pour le Développement

INTRODUCTION

Du 03 au 04 décembre 1993, l'Institut d'Études Politiques d'Aix-en-Provence organisait un colloque intitulé « les Nations unies et le développement : le cas de l'Afrique ». Ce banquet intellectuel et scientifique avait débouché sur la publication d'un ouvrage collectif éponyme, sous la direction d'Yves Daudet[1]. En 2005, c'est-à-dire douze ans plus tard, Jean-Emmanuel Pondi, éminent politiste et internationaliste camerounais, assurait la direction d'un excellent ouvrage collectif sur l'Organisation des Nations unies (ONU)[2]. Seize ans après la parution de cette œuvre pionnière, les actions et activités onusiennes à caractère développementaliste sur le continent africain focalisent une fois de plus notre attention scientifique.

Cet intérêt renouvelé procède d'un constat majeur : l'action de l'ONU en Afrique revêt une double dimension sécuritaire et développementaliste. À l'instar des autres acteurs internationaux qui interviennent dans le champ du développement en Afrique subsaharienne, l'ONU, depuis sa création à San Francisco, le 26 juin 1945, et conformément à l'article 55 de sa charte, n'a cessé de concocter des thérapies aux maux socioéconomiques qui minent le continent africain. Après avoir servi de tribune d'expression opportune et incomparable aux leaders nationalistes qui revendiquaient la libération de leurs pays du joug colonial, l'Organisation des Nations unies est, depuis l'avènement des indépendances, au chevet des États africains dans leur processus de développement socioéconomique. Ceux-ci bénéficient régulièrement de

---

[1] Y. Daudet (dir.), *Les Nations Unies et le développement : le cas de l'Afrique*, Paris, Pédone, 1993.

[2] J.- E. Pondi (dir.), *L'ONU vue d'Afrique*, Paris, Maisonneuve/Larose, 2005.

son accompagnement, et de son assistance. D'une part, elle s'investit dans la prévention, la gestion et la résolution des conflits qui ensanglantent avec récurrence ce continent, inhibant ainsi ses perspectives de développement économique. D'autre part, elle y fait montre d'un certain acharnement thérapeutique de type développementaliste. La pléthore des initiatives qu'elle a prises dans ce sens en témoigne assez éloquemment. Tout comme l'adoption, en 1970, du référentiel international du volume de l'aide publique au développement (APD) à accorder aux pays en voie de développement par les pays développés et la mise sur pied du Programme des Nations Unies pour le Développement en 1966[3]. Pourtant, le déploiement onusien dans le champ sécuritaire africain intéresse beaucoup plus les chercheurs africains, au regard du florilège des publications y relatives. Certes, les activités des agences spécialisées des Nations unies retiennent de plus en plus l'attention de la recherche africaine[4]. Des travaux académiques et des articles scientifiques y afférents pullulent également dans les rayons des bibliothèques.

Mais le volet développementaliste *stricto sensu* de l'action onusienne en Afrique n'a pas véritablement été investigué par la recherche africaine. Aucun chercheur africain ne s'était, jusqu'ici, penché sur le second volet de l'action onusienne en Afrique subsaharienne, à l'effet de réaliser une synthèse analytique et critique de ses initiatives globales dans l'optique de sortir ce continent de l'ornière du sous- développement et de la pauvreté. C'est la

---

[3] C'est la principale institution onusienne qui est censée se charger du pilotage des projets d'aide au développement dans les pays en voie de développement. Il résulte de la fusion du Programme élargie de l'assistance technique (PEAT) qui avait été créé en 1949 et du Fond spécial créé en 1959.

[4] À l'instar du récent ouvrage de S. Ayangma Bonoho, intitulé, *L'OMS en Afrique centrale. Histoire d'un colonialisme sanitaire international*, Paris, L'Harmattan, 2022.

contribution de cet ouvrage dans ce domaine d'études et de recherches. Il s'inscrit au croisement de deux débats historiographiques, académiques, voire politiques, en expansion depuis la crise économique des années 1980, et en renouvellement. L'un porte sur l'efficacité de l'aide publique au développement des États africains[5], tandis que l'autre a trait au sens et à la pertinence des actions des organisations internationales en rapport avec les enjeux du développement socioéconomique et socioculturel de l'Afrique[6]. L'analyse des actions onusiennes en matière de développement de l'Afrique vient enrichir ces débats, en amenant un regard nouveau sur les problématiques qui y sont posées. Cela étant dit, il n'est pas sans intérêt de souligner que l'hégémonie du volet sécuritaire dans la littérature consacrée à l'action onusienne en Afrique procède de deux raisons principales. La première se situe dans le nexus paix et développement. Il est un truisme, que si la paix créée un terreau favorable à la mise en œuvre des

---

[5] Ce débat est animé par des auteurs tels que : S. Amin, *La Faillite du développement en Afrique et dans le Tiers-Monde*, Paris, L'Harmattan, 1989 ; W. Easterly, *Les pays pauvres sont-ils condamnés à le rester* ?, Paris, Nouveaux Horizons, 2006 ; D. Moyo, *L'aide fatale. Les ravages d'une aide inutile et de nouvelles solutions pour l'Afrique,* (trad), Paris, éditions Jean-Claude Lattres, 2009 ; D. Sogge, *Les mirages de l'aide internationale. Quand le calcul l'emporte sur la solidarité,* (trad), Paris, Enjeux-Planète, 2003 ; Y. Tandon, *En finir avec la dépendance à l'aide*, (trad), Genève, CETIM, 2009.

[6] Pour aller plus loin, voir par exemple : M. J. Bandeira, J. P. Monteiro, « International organizations in colonial Africa », *Oxford Research Encyclopedias*, African History, 2020, pp.1-36. ; D. Matasci, « « Un rendez-vous africain » l'Unesco, la fin des empires coloniaux et plan d'Addis-Abeba (1945-1961) », *Histoire politique*, n°41, 2020, pp. 1-15 ; S. Ayangma Bonoho, *L'OMS en Afrique centrale. Histoire d'un colonialisme sanitaire international*, Paris, Karthala, 2022.

plans et des projets de développement, le développement, lui-même, n'en est pas moins un vecteur de paix. La deuxième raison tient au fait que l'ONU est indubitablement l'un des acteurs majeurs du champ sécuritaire africain. Il est d'ailleurs établi qu'elle consacre, avec plus ou moins de bonheur, l'essentiel de ses ressources humaines et financières aux activités de maintien, d'imposition et de rétablissement de la paix dans de nombreux pays d'Afrique. Un pays africain, la République Démocratique du Congo (RDC), en l'occurrence, détient le triste privilège d'héberger la plus importante mission onusienne de paix dans le monde, en termes de coût et d'effectifs : la mission onusienne de soutien à la stabilisation du Congo (MONUSCO).

Cependant, sous le titre, *L'ONU en Afrique. Six décennies d'assistanat pour le développement*, cette étude se démarque de cette vision hémiplégique de l'action onusienne en Afrique. La focale y est élargie au-delà de l'approche sécuritaro-sécuritaire, pour présenter et analyser les thérapies globales, de nature technique, économique, financière ou sociale, mises en œuvre par les Nations unies, à l'effet de juguler la crise du développement qui secoue le continent africain depuis 1960. D'une part, celles-ci rentrent dans le registre de l'internationalisation du développement depuis la fin de la Seconde Guerre mondiale.

D'autre part, elles s'inscrivent dans les logiques de transfert des politiques publiques internationales de développement dans le cadre de l'agenda onusien en matière de promotion du développement en Afrique. L'ONU se positionne donc comme l'une des « matrices » multilatérales de la fabrique (*policy maker)* des politiques publiques internationales destinées à promouvoir le développement en Afrique. À travers divers mécanismes, ses agences, chargées du développement, concourent au transfert de celles-ci de manière incitative et/ou « contraignante ». *In fine*, les initiatives onusiennes influencent les politiques publiques africaines de développement aux niveaux national, sous-régional et régional[7]. Sur la base de diverses sources documentaires primaires et secondaires, et dans une approche thématico-diachronique, nous passons successivement en revue les décennies des Nations Unies pour le développement de l'Afrique (Chapitre II), le Programme d'Action des Nations Unies pour le redressement économique et le développement de l'Afrique (PANUDERA) (Chapitre III), l'Initiative spéciale des Nations unies pour l'Afrique (Chapitre IV), les Objectifs du Millénaire pour le développement (OMD) (Chapitre V) et les Objectifs de développement durable (ODD). Mais avant de procéder à cette revue analytique des initiatives onusiennes en faveur du développement en Afrique, il convient, tout d'abord, de questionner le concept de développement, à l'effet de ressortir la conception que l'ONU s'en fait (Chapitre I).

[7] Pour plus de détails sur les Policy Transfer Studies, lire par exemple, L. Dumoulin, S. Saurugger. « Les policy transfers studies : analyse critique et perspectives », *Critique Internationale*, Presses de sciences po, 2010, pp.9-24.

CHAPITRE 1 : Le développement : construction, déconstruction et reconstruction d'un projet global

Le développement est au cœur des relations économiques internationales entre l'Afrique indépendante et ses partenaires extérieurs depuis les années 1960. En son nom, des ressources intellectuelles, humaines et financières ont été mobilisées, des partenariats ont été noués, des experts ont été formés. Des critères de performance et de classification ont été établis, et les pays du monde sont régulièrement classés en fonction de ceux-ci. De nouveaux domaines de savoirs regroupés sous la catégorie générique des sciences sociales du développement[8] sont apparus, à l'instar de l'économie du développement, de la sociologie du développement, de l'anthropologie du développement, de la psychologie du développement, de la géographie du développement, de la communication du développement, du droit du développement et de la diplomatie du développement.

Depuis l'avènement des indépendances, une diversité d'acteurs extérieurs est à pied d'œuvre pour réaliser le développement en Afrique subsaharienne[9]. Parmi ceux-ci, des organisations internationales, intergouvernementales et non gouvernementales, des partenaires bilatéraux, des Fondations publiques ou privées, et des éminences politiques occidentales[10]. À cette fin, des idéologies ont été pensées, une ingénierie du conseil importé clé en main a conçu et proposé une pléthore de stratégies et de politiques, des financements publics et privés ont été mobilisés. C'est

[8] A. Guichaoua et Y. Gaussault, *Sciences sociales et développement,* Paris, Armand Colin, 1993.

[9] Mbaya Kankwenda, *Marabouts ou Marchands du développement en Afrique ?,* Paris, L'Harmattan, 2000.

[10] J.-Y. Lavoie, *La gestion étrangère du développement de l'Afrique*, Québec, Presses de l'Université du Québec, 1985.

ainsi que le continent africain est le champ d'application, voire d'expérimentation d'une flopée d'initiatives qui, jusqu'ici, peinent à produire le développement recherché et escompté depuis 1960. En témoignent les contre-performances globales des économies africaines, en comparaison avec l'ascension économique de la plupart des pays du Sud-est asiatique, et de certains pays latino-américains[11]. De nombreux projets de développement ont, certes, été réalisés en Afrique, et des infrastructures ont été construites pour moderniser les économies africaines. Mais le constat est sans appel : l'Afrique subsaharienne est la seule région dans le monde où la population extrêmement pauvre, c'est-à-dire, vivant sous le seuil de 1,25 dollar par jour, a doublé en 50 ans. C'est aussi, paradoxalement, la région du monde où la croissance du revenu par habitant est la plus faible depuis 1960[12]. Plusieurs États africains figurent depuis vingt-deux ans dans le bas du classement de l'Indice de développement humain (IDH), et peu de signes indiquent qu'ils puissent en sortir à court terme.[13]

En effet, plus d'un demi-siècle d'implémentation du développement en Afrique subsaharienne met en lumière des mythes et des croyances. Un des mythes réside dans le fait pour les « développementalistes » occidentaux de considérer qu'ils peuvent penser, planifier, structurer et orienter le progrès des pays dits pauvres, au nom de la responsabilité historique, et dans la continuité de

[11] Le constat d'échec découle du marasme économique actuel de l'Afrique subsaharienne dans son ensemble et est établi par bon nombre d'études, à l'instar de la thèse de Doctorat du politiste camerounais G. Mvelle Minfenda, intitulée, "Aide au développement et la coopération décentralisée. Esquisse d'une désétatisation de l'aide française. Les cas du Cameroun, Congo, Gabon, RCA, Tchad et Rwanda", Université Jean Moulin Lyon 3, juillet 2005.

[12] K. Nubukpo, *L'Urgence africaine. Changeons le modèle de croissance*, Paris, Odile Jacob, 2019, p.10.

[13] Ibid.

l'acquittement du « fardeau de l'homme blanc ». Dans le même ordre d'idées, l'une des croyances tenaces a consisté pour les économistes, experts et politiques occidentaux, de croire qu'ils pouvaient facilement transposer leur conception et leurs modèles de développement, et les greffer tout simplement sur les peuples non occidentaux par le biais de la coopération internationale, de l'assistance technique, de l'aide publique au développement, et de l'endettement international. Aujourd'hui, les échecs constatés du développement en Afrique subsaharienne amènent à se demander, si l'on peut se développer uniquement en bâtissant son présent et son avenir sur « la natte des autres »[14], à travers la mise en œuvre exclusive « des modèles voyageurs »[15], ou en se livrant au mimétisme, à l'effet de rattraper le modèle original. Cette interrogation pose le problème de la quintessence même du développement : qu'est-ce que le développement ?

Ces dernières années, une littérature abondante s'est développée sur les problématiques de développement. La revue de cette production scientifique consacrée au développement fait constater que la définition de ce concept varie d'un théoricien à un autre. De Samir Amin à Serges Latouche, en passant par Gilbert Rist, François Perroux, Yao Assogba, ou Joseph Ki-Zerbo, la définition du développement est variable. Elle fait appel, non seulement à de multiples connotations théoriques et idéologiques, mais aussi, à diverses considérations en termes de modèle, de greffe ou d'imitation.

[14] J. Ki-Zerbo (dir.), *La natte des autres : pour un développement endogène en Afrique : actes du colloque du Centre de recherche pour le développement endogène (C.R.D.E.),* Bamako 1989, CODESRIA, 1992.

[15] J.-P. O. de Sardan, *La revanche des contextes. Des mésaventures de l'ingénierie sociale, en Afrique et au-delà*, Paris, Karthala, 2021.

Si l'irruption de ce concept dans les relations internationales date des années 1950, son apparition dans la pensée et la littérature économiques occidentales remonte au XVIIIe siècle, dans le sillage de la philosophie des lumières, et des évolutions économiques et sociales subséquentes à la révolution industrielle. Le président américain Harry Truman en fit usage dans son discours de Washington du 20 janvier 1949, inaugurant ainsi l'ère du développement international. Il s'agit donc d'un concept controversé et interrogateur, qui s'est enrichi d'autant d'apports que les débats qu'il a suscités parmi les chercheurs en sciences sociales.

Son origine occidentale présumée et l'hégémonie des pays industrialisés dans sa mise en œuvre ainsi que dans son évaluation, combinées avec l'insuccès de son extension dans certaines régions extraoccidentales (Afrique en particulier), l'ont placé au cœur de nombreux débats historiographiques, épistémologiques et méthodologiques. Si pour certains théoriciens du développement, il ne s'agit que d'un mythe occidental[16], d'autres le réduisent tout simplement à une croyance que l'Occident s'égosille à répandre dans le monde[17]. Pour Samir Amin, le développement est en panne, sa théorie en crise, et son idéologie l'objet de doute[18]. Dans les années 1960, écrivent André Guichaoua et Yves Goussault, il y avait pourtant un modèle, aujourd'hui, il n'y a plus de repères. Le développement est devenu un "objet fuyant"[19]. Par conséquent, il n'existe aucune définition normative ou prescriptive de ce concept qui se veut davantage dynamique

---

[16] O. Rivero, *Le mythe de l'Occident. Les économies non viables du XXIème siècle*, Paris, Éditions Charles Léopold Mayer, 2003.

[17] G. Rist, *Le développement, histoire d'une croyance occidentale*, Paris, Presse de la fondation des sciences politiques, 1996.

[18] S. Amin, *La Faillite du développement en Afrique et dans le Tiers-Monde*, Paris, L'Harmattan, 1989, p. 5.

[19] Guichaoua, Goussault, *Sciences sociales et..*, p. 3.

et contextuel. Au contraire, de nombreux attributs n'ont de cesse de se greffer au développement afin de l'adapter aux réalités plurielles du monde contemporain ; d'où l'apparition des échafaudages conceptuels tels que, développement durable, développement participatif, développement rural, développement inclusif, intégré ou local, développement humain prôné par l'ONU à travers le Programme des Nations Unies pour le Développement (PNUD). C'est sans doute la raison pour laquelle Serges Latouche le qualifie de « développement à particules ». Il serait fastidieux d'inventorier la totalité des définitions dont il a fait l'objet dans cette étude[20]. En plus de la conception onusienne du développement, nous procédons plutôt à un examen de quelques définitions majeures qui ont structuré le débat épistémologique sur cette notion controversée.

Quelques conceptions usuelles du développement

Pour des besoins d'analyse, nous explorons les conceptions suivantes du développement : la conception courante, le développement et la croissance économique, le développement humain, le développement culturel et le développement durable.

La conception courante du développement

Dans le langage courant, le développement sous-tend l'idée d'un plus, d'un progrès ou d'une amélioration. Littéralement, c'est l'action de déplier ce qui était enroulé ou enveloppé. C'est aussi le fait de croître, d'évoluer en prenant de l'importance ou de l'ampleur[21]. Il renvoie, soit à un état, soit à un processus, soit à une finalité ou encore à

---

[20] Rist se penche sur quelques-unes dans son ouvrage susmentionné.

[21] J.-Y. Ndjeussi Fotsa, M.A. Tsegouo, N.L.Kongla, "Le concept de développement : émergence, dynamique et implémentation dans les campagnes d'Afrique subsaharienne", in Mamoudou et als, (dir.) *La Renaissance Africaine...*, p.344.

un idéal, connoté des notions de bien-être, de richesse et d'aisance matérielle. D'une manière générale, pour les hommes comme pour les États, le développement reçoit une connotation matérielle et infrastructurelle. Outre cette approche courante du développement, d'autres visions plus structurées et plus élaborées méritent d'être relevées dans cette étude conceptuelle. La première est celle qui assimile le développement à la croissance économique.

Le développement comme croissance économique

Le développement avait tout d'abord été assimilé à la croissance économique, mesurée par deux agrégats macroéconomiques que sont le produit national brut (PNB/hab.)[22] et le produit intérieur brut (PIB/hab.)[23]. Forgée par un groupe d'économistes occidentaux souvent présentés comme des pionniers des recherches sur le développement[24], cette vision exclusivement économiciste et quantitativiste du développement fut reprise ensuite par l'école dite anglo-saxonne[25]. Dans leur perspective, se développer équivaut à enregistrer une suite de taux de croissance économique positifs. Se développer, souligne Richard Bergeron, c'est avoir 3,7 % de taux de croissance économique une année, puis 4,8 % l'année suivante, et ainsi

[22] En économie, le **PNB** ou **Produit national brut** est un indicateur qui mesure la production sur une période donnée, en général annuelle, **de** biens **et services marchands** créés **par une** nation, que cette production se déroule sur le sol national ou à l'étranger.
[23] Le PIB quant-à-lui est un indicateur économique qui rend compte de la valeur de la production des nationaux d'un pays en une année.
[24] Il s'agit des économistes tels que A. Hirschman, A. Lewis, R. Nurkse, G. Myrdal, R. Prebish, P. Rosens Stein etc.
[25] Les figures les plus emblématiques de cette école du développement sont les économistes américain S. Kuznet, et français, J. Burton. Pour plus de détails, consulter l'ouvrage de R. Ebalé, *Le concept de développement. Fondements historiques et débats,* Yaoundé, Litchasonic Formations, 2012, pp.15-18.

de suite, indéfiniment[26]. Le développement peut donc s'appréhender comme l'ensemble des transformations structurelles qui rendent possible et accompagnent la croissance économique et l'élévation du niveau de vie. Qui plus est, ces transformations s'opèrent suivant un processus linéaire, cumulatif et irréversible. Cette conception linéaire et cumulative du développement trouve son fondement dans une vision biologique et évolutionniste du progrès humain[27]. L'Historien américain de l'économie Walter Rostow est l'un des chantres les plus éminents de cette vision linéaire et étapiste du développement.[28] Dans son *best-seller* intitulé, *Les étapes de la croissance. Un manifeste non communiste,* publié en 1960, il postule que le passage d'un pays du statut de sous-développé, donc de primitif, à celui de développé ou de moderne, passe nécessairement et même obligatoirement par cinq étapes successives : la société traditionnelle, l'étape préalable au décollage, le décollage, la marche vers la maturité et l'ère de la consommation de masse. Tout continent ou pays non occidental candidat au développement économique devrait donc, pour y parvenir, s'engager dans cette voie étapiste, largement inspirée de l'expérience des pays développés d'Occident.

---

[26] R. Bergeron, *L'Anti-développement. Le prix du Libéralisme,* Paris, L'Harmattan, 1992, p.45.

[27] J. Do-Nascimento, "Deux paradigmes concurrents de la modernité en Afrique", in J.DO-Nascimento (dir), *La renaissance africaine comme alternative au développement. Les termes du choix politique en Afrique*, Paris, L'Harmattan, 2008, p.24.

[28] L'économiste britannique Adam Smith adhère également à cette approche développementaliste de l'économie. Dans son ouvrage sur l'étiologie de la richesse des nations publié en 1776, il décrit les étapes à traverser pour atteindre la prospérité économique. Il explique comment les sociétés de chasseurs et de cueilleurs peuvent évoluer en des sociétés pastorales et agricoles pour finalement devenir des sociétés manufacturières et mercantiles.

Il n'est pas sans intérêt de rappeler que, nonobstant les limites avérées de cette théorie rostowienne des étapes de la croissance, elle n'en a pas moins subjugué la première génération des experts en développement qui s'en sont abondamment inspiré lors de l'élaboration des modèles et politiques de développement destinés aux pays africains.

William Easterly, ancien économiste à la Banque mondiale, affirme fort à propos que certains de ces modèles à l'instar du fameux modèle Harrod-Domar sont toujours en usage au FMI et à la Banque mondiale, pour le calcul des montants d'aide à octroyer aux pays africains, malgré sa disparition dans la littérature académique occidentale[29]. Cependant, l'hégémonie de l'économie dans le contenu sémantique du concept de développement avait connu un début de remise en question à partir du moment où les économistes eux-mêmes avaient commencé à établir une distinction entre la "croissance" et le "développement"[30]. Ainsi, pour d'autres économistes dits de l'école francophone[31], la croissance ne saurait rendre entièrement

[29] W. Easterly, *Les pays pauvres sont-ils condamnés à le rester* ? Paris, Nouveaux Horizons, 2006, p.41.

[30] La littérature concernant la distinction entre "croissance" et "développement" est très féconde. Plusieurs auteurs se sont attelés à établir la différence entre ces deux concepts en proposant un élargissement du cadre sémantique du concept de développement qui recouvre aussi des dimensions non économiques. Voir : C. Zarca, "De la distinction entre la "croissance" et le "développement" dans la littérature scientifique consacrée aux pays sous-développés", in *Cahiers de l'I.S.E.A.*, n° 12, série F, 1959, p. 57-110; M.Bye, "Le rôle du capital dans le développement économique", in *Économie Appliquée,* n°3, juil.-sept. 1958, p. 429-447; A. W. Lewis, *The theory of economic growth*, Homewood, 1955, p.10; R. Barre, "Structures sociales et croissance économique. Sur les limites d'une théorie économique de la croissance", Rapport au congrès des économistes de langue française, 1958, in *Revue d'économie politique,* mars-avril 1958, p. 380 ; F. Perroux, *L'économie du XXe siècle*, Paris, PUF, 1961.

[31] Il s'agit d'une école pluridisciplinaire qui, en plus de l'aspect quantitatif, met davantage l'accent sur l'étude qualitative des

compte du développement, tant il incorpore bien d'autres aspects. Selon l'économiste français François Perroux, le développement est la combinaison des changements mentaux et sociaux qui rendent la nation apte à faire croître cumulativement et durablement son produit réel[32]. Autrement dit, le développement en lui-même comporte également une dimension qualitative qui déborde largement le champ de l'analyse économique *stricto sensu* et échappe à toute mesure. La croissance ne constitue qu'une chambre de l'immeuble dénommé développement. Cette critique de la vision économiciste du développement a fini par donner naissance au concept onusien de développement humain.

Le développement humain

D'après le programme des Nations unies pour le développement (PNUD), le développement ne saurait se réduire exclusivement à l'augmentation ou à la diminution du revenu national. Il vise aussi la création d'un environnement propice au plein développement par les individus, de leur potentiel créatif et productif, conformément à leurs besoins et leurs intérêts. La population étant la véritable richesse des nations, le rôle du développement consiste donc à élargir pour chacun, la gamme de ses choix de vie[33]. Il se dégage ainsi une théorie des besoins fondamentaux qui place l'homme au centre de toute entreprise de développement, en tant que principal acteur et bénéficiaire. Il convient de préciser que cette conception pnudienne du développement humain vit le jour au début des années quatre-vingt-dix, à la suite des travaux

---

phénomènes qui concourent au développement. Voir Ebalé, *Le concept de développement…*, p.16.

[32] F. Perroux, *L'économie du XXe siècle*, Paris, PUF, p.155.

[33] F. Teulon, *Croissance, crise et développement*, Paris, P.U.F., 1992, p.89.

de l'économiste indien Amartya Sen[34]. Le développement humain représente selon le PNUD, l'élargissement des possibilités et des choix offerts aux individus. Plus précisément, ces trois possibilités essentielles sont : vivre longtemps et en bonne santé, acquérir des connaissances et un savoir, et pouvoir accéder aux ressources nécessaires à une vie décente. Voilà pourquoi le PNUD défini la pauvreté humaine comme la négation des opportunités et des perspectives fondamentales sur lesquelles repose tout développement humain, à savoir, vivre une vie longue, saine, constructive, et jouir non seulement d'un niveau de vie décent, mais aussi de la liberté, de la dignité, du respect de soi-même et d'autrui[35]. Dans ce sens, comme instrument de mesure de la pauvreté, le PNUD a mis sur pied un indice composite dénommé Indicateur de pauvreté humaine (IPH). Pour les pays dits en développement, l'IPH1 est constitué de trois indicateurs :

- l'indicateur de longévité (P1) qui renvoie au pourcentage de décès avant 40 ans ;
- l'indicateur d'instruction (P2) qui renvoie au pourcentage d'analphabétisme ;
- l'indicateur de conditions de vie (P3), lui-même composé de trois sous-indicateurs : l'accès à l'eau potable, l'accès aux services de santé et les enfants de moins de 5 ans souffrant d'insuffisance pondérale. Il est exprimé en pourcentage et, plus il est élevé, plus le pays est pauvre[36]. Cependant, non seulement le mode de satisfaction des besoins n'est nullement indépendant du substrat culturel

[34] C'est un économiste de nationalité indienne. Pour un aperçu global des thèses développées par lui, lire son ouvrage intitulé, *L'économie est une science morale*, Paris, La Découverte, 1999.

[35] E. Benicourt, "La pauvreté selon le PNUD et la Banque mondiale", *Étudesrurales,*p.3,consultéle03janvier2016,http://etudesrurales.revues.org/68

[36] Toupictionnaire, in wwwtoupie.org/Dictionnaire/sigles, consulté le 05 janvier 2016 à 20 heures.

des individus, mais aussi, il est fonction d'évolutions historiques. Le développement s'est donc enrichi d'un volet culturel.

Le développement culturel

Vers la fin des années 1960, des intellectuels dits culturalistes avaient entrepris de sortir le développement de son confinement exclusivement économiciste en mettant en exergue sa dimension culturelle. La culture se définit généralement comme ce complexe comprenant les connaissances, les croyances, l'art, le droit, la morale, les coutumes et toutes les autres aptitudes et habitudes que l'homme acquiert en tant que membre d'une société. La crise économique du début de la décennie 1980 et l'échec des deux premières décennies des Nations unies pour le développement (1960-1970/1970-1980) avaient sensibilisé la communauté internationale sur la nécessité d'une prise en compte des données culturelles dans les politiques de développement.

En 1982, se tint à Mexico, capitale du Mexique, sous l'égide de l'Organisation des Nations Unies pour l'éducation et la culture (UNESCO), une conférence mondiale sur les politiques culturelles (MONDIACULT)[37]. À partir de ce moment, l'UNESCO s'était donné pour mission supplémentaire, d'œuvrer en faveur de la dimension culturelle du développement, ce d'autant plus que, les ministres de la culture présents à Mexico avaient revendiqué et obtenu, la proclamation d'une décennie mondiale du développement culturel. Parler de la dimension culturelle du développement, équivaut à concevoir et mettre en œuvre des plans et projets de développement qui correspondent à des aspirations ou des besoins ressentis par la communauté (tribu, village) en

---

[37] A. Arfwedson, "Peut-il y avoir développement sans culture ?" in Guichaoua, *Questions de développement…*, p.77.

question, mobilisent et utilisent le savoir-faire existant dans la communauté et produisent des effets multiplicateurs[38]. Vue sous cet angle, la dimension culturelle du développement n'est pas en contradiction avec l'approche du développement durable.

Le développement durable

L'expression développement durable ou soutenable avait fait son apparition officielle dans le Rapport Brundtland (1987). Intitulé "Notre futur commun" et rédigé par Gro Harlem Brundtland, Premier ministre de Norvège de l'époque, sous les auspices de la Commission des Nations unies pour l'environnement et le développement, ce rapport défini le développement soutenable comme celui qui répond aux besoins des générations actuelles sans compromettre la capacité des générations futures à répondre aux leurs[39]. L'idée d'un développement respectueux de l'environnement découle d'une progressive prise de conscience au niveau mondial, de la nécessité de concilier les impératifs de développement à la protection de la nature, au regard de l'explosion du nombre de risques naturels et industriels, ainsi que des dégâts écologiques subséquents.

Dans les pays en développement, il implique la réalisation préalable d'étude d'impact environnementale avant la mise en œuvre de tout projet de développement. Cependant, le développement durable ne fait pas l'unanimité. Selon Serges Latouche, le développement durable lui-même est indissociable de la croissance économique. Pour cet auteur, la société de croissance n'est ni souhaitable ni soutenable, pour trois raisons au moins : elle engendre une montée des inégalités et des injustices,

---

[38] Arfwedson, "Peut-il y avoir développement sans culture ? p.81.

[39] CMED, "Notre avenir commun", Montréal, Editions du Fleuve/Les publications du Québec, 1988.

crée un bien-être largement illusoire, et ne suscite pas pour les nantis eux-mêmes une société conviviale, mais une anti-société, malade de sa richesse. Dans ces conditions, la décroissance devient une nécessité[40]. *Quid* des principales théories qui ont influencé la mise en œuvre du développement en Afrique depuis les indépendances ?

Les théories qui ont influencé la mise en œuvre du développement en Afrique subsaharienne depuis les indépendances

Sur le plan diachronique, trois principales théories du développement ont influencé et structuré la mise en œuvre du développement en Afrique subsaharienne depuis 1960. Il s'agit de la théorie de la modernisation, la théorie néolibérale et la théorie de l'émergence.

La théorie de la modernisation

Encore appelée théorie développementaliste, la théorie de la modernisation est sans conteste la première théorie économique occidentale à avoir inspiré et structuré les politiques, programmes et projets de développement mis en œuvre par les économistes occidentaux en faveur des pays africains nouvellement indépendants dans les années 1960. C'est une métathéorie qui repose globalement sur le postulat selon lequel, la modernisation, entendue comme le passage de l'état primitif à l'état moderne, est la finalité ultime du développement[41]. Celui-ci est, quant à lui, un processus linéaire et cumulatif, qui se réalise par étapes successives, suivant l'évolution d'un organisme vivant[42].

---

[40] S. Latouche, "Pour une société de décroissance", in *Le Monde diplomatique*, version numérique, novembre 2003, p.18.

[41] Pour plus de détails, lire par exemple, D. Lerner, *The passing of traditional society: modernizing the Middle East*, New York, Free Press, 1964.

[42] L'auteur J. Do-Nascimento explique que la théorie du développement résulte de la transposition dans les sciences sociales, d'une théorie élaborée dans les sciences de la nature : l'évolution. Pour plus de

L'économiste américain Walter Rostow apparaît comme l'un des chantres les plus éminents de cette vision linéaire et étapiste du développement[43]. Dans son *best-seller* intitulé, *Les étapes de la croissance* publié en 1960, cet auteur expliquait que le passage d'un pays du statut de sous-développé, donc de primitif, à celui de développé ou de moderne, devrait nécessairement, voire obligatoirement passer par cinq étapes successives : la société traditionnelle, l'étape préalable au décollage, le décollage, la marche vers la maturité et l'ère de la consommation de masse. Tout continent ou pays non occidental candidat au développement économique devrait donc, pour y parvenir, s'engager dans cette voie étapiste, largement inspirée de l'expérience des pays développés d'Occident.

Malgré les limites avérées de cette théorie rostowienne des étapes de la croissance, il n'en demeure pas moins vrai qu'elle avait fortement influencé la première génération des experts occidentaux en développement, qui s'en étaient abondamment inspirés lors de l'élaboration des modèles et politiques de développement destinés aux pays africains. Ancien économiste à la Banque mondiale, William Easterly affirme d'ailleurs que certains de ces modèles, à l'instar du fameux modèle Harrod-Domar, sont toujours en usage au FMI et à la Banque mondiale, pour le calcul des montants d'aide à octroyer aux pays africains, malgré sa disparition

---

détails, lire, Do-Nascimento, "Deux paradigmes concurrents", in Do Nascimento (dir.), *La renaissance africaine comme alternative au développement. Les termes du choix politique en Afrique*, Paris, L'Harmattan, 2008, pp.19-93.

[43] L'économiste britannique Adam Smith adhère également à cette approche développementaliste de l'économie. Dans son ouvrage sur l'étiologie de la richesse des nations publié en 1776, il décrit les étapes à traverser pour atteindre la prospérité économique. Il explique comment les sociétés de chasseurs et de cueilleurs peuvent évoluer en des sociétés pastorales et agricoles pour finalement devenir des sociétés manufacturières et mercantiles.

dans la littérature académique occidentale[44]. Au début des années 1980, la théorie de la modernisation avait été supplantée par une autre théorie économique : le néolibéralisme.

La théorie néolibérale du début des années 1980 jusqu'au début des années 2000

Encore appelé ultralibéralisme, le néolibéralisme apparaît comme la bible économique du temps présent. Il s'agit d'une théorie controversée, tant ses connotations sont à la fois idéologiques, philosophiques, politiques ou économiques[45]. Sur ce dernier plan, il s'appréhende généralement comme une forme radicalisée de libéralisme économique, opposée au keynésianisme[46], et par ricochet, à l'interventionnisme étatique dans le champ économique. Il traduit également la résurgence et l'extension du libéralisme classique, de la sphère interne des États à la sphère internationale, dès le début de la décennie 1970.

D'une manière générale, c'est une métathéorie qui renferme des courants aussi divers que le monétarisme de Milton Friedman, l'école autrichienne, la théorie de l'offre dont le chef de file est Arthur Laffer, la nouvelle économie classique, et l'anarchocapitalisme[47], ces différents courants s'accordent à partager une vision de l'économie fondée sur

---

[44] W. Easterly, *Les pays pauvres sont-ils condamnés à le demeurer ?*, Paris, Nouveaux Horizons, 2006, p.41.

[45] A. Laurent, "Une philosophie, pas une idéologie", in *Le Point*, n° 2158, jeudi 23 janvier 2014, p.95.

[46] Fait référence à la doctrine économique préconisée par l'économiste anglais John Maynard Keynes dans les années 1930. Contrairement aux économistes dits libéraux qui prônaient la non-intervention de l'État dans l'économie, Keynes se faisait le chantre de l'interventionnisme étatique par le biais de politiques sociales ou budgétaires.

[47] G. Dostaler, "Du libéralisme au néolibéralisme", in *Les grands dossiers des Sciences humaines*, n°14, mars-avril 2009, disponible à l'URL : file:///users/Documents/du-libéralisme au néolibéralisme-fr-23367-html, consulté le 27 avril 2022 à 12 heures.

les 3D : déréglementation, démantèlement de l'État-providence et dérégulation financière à l'échelle mondiale. Ces 3D avaient été inaugurées à partir des années 1980 dans plusieurs pays, notamment les États-Unis de Ronald Reagan, et l'Angleterre de Margaret Tchatcher).

En fait, le néolibéralisme renforce les idées maîtresses du libéralisme classique (laisser-faire, libre-échange, liberté d'entreprise, limitation stricte de l'intervention de l'État dans l'économie) avec de nouvelles mesures dans le cadre des 3D (privatisation du secteur public, promotion de l'État-gendarme en lieu et place de l'État-providence, dérégulation financière, etc.). Cette théorie n'a de cesse de soulever débats et controverses, que les crises financières qui secouent l'économie mondiale depuis 2006 ont contribué à redonner un regain d'expression et de vitalité. N'empêche que la plupart des politiques économiques appliquées et/ou imposées aux États africains par les institutions financières internationales (FMI et Banque mondiale) depuis les années 1980 sont d'inspiration néolibérale. Mais, depuis le milieu des années 2000, une autre théorie du développement est de mode en Afrique au sud du Sahara : l'émergence.

La théorie de l'émergence depuis les années 2000

Le concept d'émergence était apparu pour la première fois en 1980, sous la plume d'Antoine Van Agtmael, économiste d'origine néerlandaise, en service à la Société financière internationale (SFI). Par « économies à marchés émergents », il désignait les pays en développement offrant des opportunités d'investissement pour les firmes industrielles des puissances économiques occidentales. À la base, il s'agissait donc d'un gadget de marketing pour attirer les investisseurs internationaux. Par la suite, l'émergence est devenue synonyme de décollage économique, par le biais de l'industrialisation. Elle traduit la situation d'un pays qui change de statut économique, en quittant celui de pays sous-développé, pour faire progressivement son entrée dans la catégorie des pays industrialisés.

Initialement employée pour décrire les transformations socioéconomiques qui se sont opérées dans de nombreux pays d'Asie du Sud-Est[48] et d'Amérique latine[49], l'émergence est devenue la finalité ultime des politiques économiques des pays subsahariens depuis le milieu des années 2000. C'est, en effet, la nouvelle mode économique en Afrique au sud du Sahara, le nouveau leitmotiv des politiques publiques, et le nouveau slogan des élites politiques subsahariennes. La plupart des États africains se sont dotés d'un plan d'émergence[50]. Même l'Union africaine dispose du sien, dénommé ″Agenda 2063″. Si cette tendance semble refléter un désir de reprise en main de son destin économique, elle pêche néanmoins par une appropriation acritique d'un concept une fois de plus exogène au continent africain. Qui plus est, à quelques exceptions près, la plupart des plans d'émergence des États africains ont été conçus par des cabinets étrangers[51].

Au total, le développement apparaît comme un processus dynamique, complexe et multidimensionnel. Au-delà des débats doctrinaux qu'il n'a de cesse de susciter, il désigne, en réalité, les divers procédés par lesquels un

---

[48] À l'instar de la Chine, de l'Inde, des Dragons (Hong-Kong, Taiwan, Corée du Sud et Singapour), ou des bébés Tigres (Malaisie, Thaïlande, Indonésie et Philippines).

[49] Tels que les « jaguars » latino-américains (Brésil et Mexique).

[50] Lors d'une conférence prononcée à l'Assemblée générale du CODESRIA le 9 juin 2015, à Dakar, A. Sall, Directeur de l'Institut des Futurs africains (Pretoria), affirmait que, sur les 54 États du continent africain, seuls 7 ne disposeraient pas d'un plan d'émergence. Cité par F. Sarr, *Afrotopia*, Édition Philippe Rey, 2016, p.125.

[51] Tel est le cas du plan Sénégal Émergent, qui avait été concocté par le cabinet international Mckinney. Lire, Ba, ″L'émergence en lieu et place du développement au Sénégal : changement cosmétique, nouvelle mode institutionnelle ou (r)évolution paradigmatique ?″ p.2.

peuple parvient à satisfaire ses besoins existentiels. Cependant, il est important de préciser que le développement promu par l'ONU en Afrique renvoie, non seulement à la croissance économique en termes de création des richesses, mais aussi et surtout, au développement humain. Les théories qui ont structuré la mise en œuvre du développement en Afrique subsaharienne depuis 1960 sont essentiellement exogènes.

CHAPITRE 2 : Les Décennies des Nations unies pour l'Afrique

Dans ce chapitre, sont présentées et analysées, quelques décennies des Nations unies pour le développement de l'Afrique. Il s'agit, tour à tour, des décennies des Nations unies pour le développement de l'Afrique (1960-1970 et 1970-1980), des décennies des Nations unies pour les transports en Afrique, et de la décennie du développement industriel de l'Afrique.

Les décennies des Nations unies pour le développement de l'Afrique

Les décennies des Nations unies pour le développement de l'Afrique s'inscrivent dans le cadre de l'assistance technique multilatérale. Aussi se présentent-elles sous la forme de vastes programmes d'appui technique, par l'octroi d'équipements, la création des structures techniques, l'apport de conseils divers et spécialisés, et la préparation du cadre des investissements. L'objectif affiché était de doter les États africains nouvellement indépendants d'une meilleure capacité de production, d'organisation, et de fonctionnement. Leur avènement peut être appréhendé comme la matérialisation de la volonté de l'ONU, de se conformer à l'article 55 de sa charte. Celui-ci la charge de favoriser le relèvement et le développement dans l'ordre économique et social, par la résolution des problèmes internationaux dans les domaines économique, social, de la santé publique, de la culture et de l'éducation, par l'aide et la coopération internationale.[52]

Ainsi, dès 1960, elle avait lancé la première décennie pour le développement du continent africain (1960-1970).

[52] Cf. Charte des Nations Unies.

À l'issue de celle-ci, elle avait initié une deuxième, afin de combler les lacunes de la précédente. Pour mieux cerner ces deux premières initiatives onusiennes en faveur du continent africain, il convient, tout d'abord, de montrer leurs processus d'adoption, et leurs différents objectifs. Ensuite, esquisser un bilan de leur exécution, pour enfin, relever quelques problèmes rencontrés dans leur mise en œuvre. Pour une bonne compréhension de la décision de l'ONU de lancer une décennie de développement de l'Afrique, il convient de se référer, non seulement au processus qui avait présidé à son adoption, mais également, à ses différents objectifs.

La proclamation par l'ONU de la première décennie pour le développement de l'Afrique, était intervenue dans un contexte international et africain qui rend entièrement compte de ses enjeux, de ses objectifs et de son contenu. Sur le plan international, la polarisation géopolitique était celle de l'affrontement entre le bloc capitaliste et le bloc communiste. Cet affrontement structurait considérablement l'attitude et les rapports de chacun de ces blocs avec le continent africain, qui faisait fraîchement son entrée sur la scène internationale, en tant qu'acteur à part entière. Par ailleurs, les pays capitalistes d'Occident traversaient une phase de prospérité économique (trente glorieuses) et les idées développementalistes en vigueur depuis une décennie étaient à leur apogée. Elles magnifiaient les vertus de l'aide et l'assistance internationales pour le développement des États africains nouvellement indépendants.

Sur le plan africain, l'heure était à la modernisation des jeunes États issus de la décolonisation avec un retard significatif de développement économique par rapport à leurs anciens tuteurs coloniaux autoproclamées partenaires extérieurs au développement. C'est dans ce contexte que le processus d'adoption de la première décennie des Nations Unies pour le développement de l'Afrique s'était déroulé au sein de l'Assemblée générale (AG) de cette institution. Bien que précédée d'un certain bouillonnement d'idées[53], la première décennie pour le développement de l'Afrique n'avait pas moins été improvisée[54]. Ainsi, que la résolution 1710 (XVI) de l'Assemblée générale décrétant la décennie 1960-1970 première décennie des Nations Unies pour le développement de l'Afrique ait manifestement été une initiative américaine est une probabilité. Les similitudes entre son texte initial et celui qu'avait présenté au Congrès américain le Président John Kennedy afin de constituer l'*Act for International Development,* milite pour un tel point de vue.

Sous le titre, "Décennie des Nations Unies pour le développement, mesures proposées", le même texte avait été déposé comme rapport au Conseil économique et social (ECOSOC) par le Secrétaire général de l'ONU, U Thant. Après examen de l'ECOSOC, ledit rapport avait été transmis à l'AG qui, après l'avoir examiné à son tour, l'avait adopté en octobre 1961, sous la dénomination de résolution 1710 (XVI). Par cette résolution, l'A.G proclamait la période 1960-1970, première décennie des Nations Unies pour le développement : programme de coopération économique internationale[55]. Cette initiative onusienne comportait aussi bien un objectif global, que des

---

[53] L'expansion quelque peu désordonnée des activités des Nations Unies en faveur des pays en voie de développement et l'insuffisance des résultats obtenus incitaient à un travail de réflexion et de remise en ordre. Ce travail fut d'abord entrepris par le Conseil économique et social, qui provoqua la rédaction, en 1960, par un comité d'experts, d'un rapport d'ensemble sur l'évaluation de la portée, des tendances et du coût des programmes des institutions composant le système des Nations Unies, orienté vers l'avenir (Perspectives pour les cinq années 1960-64, E/3347/Rev. 1).

[54] M. Virally, "La 2ème décennie des Nations Unies pour le développement. Essai d'interprétation para-juridique", in *Annuaire français de droit international*, volume 16, 1970. p.10.

[55] Ibid.

objectifs sectoriels. Son objectif économique global était sans conteste la croissance économique. Il se déclinait en deux variantes : la dimension quantitative, qui stipulait que chaque pays africain devait parvenir à un taux minimum de croissance annuelle du revenu global de 5 %. Quant à l'aspect qualitatif, il recommandait l'accélération de l'élimination de l'analphabétisme, de la faim et de la maladie qui affectaient gravement la productivité des habitants des pays sous-développés[56]. Pour y parvenir, l'AG avait défini un programme en quatre points, qu'elle invitait tous les pays membres à appliquer. En outre, elle avait prescrit une intensification des efforts de l'ensemble des organismes constituant le système onusien[57].

Toutefois, ces recommandations, faites aux États africains étaient formulées en des termes très généraux, indiquant plus une direction à suivre, que des mesures concrètes à mettre en œuvre[58]. Bien que plus détaillé, le programme d'action des Nations Unies était tout de même réduit, lui aussi, à une série de têtes de chapitre, que le SG devait compléter par des propositions concrètes, établies après consultation des gouvernements et des chefs des Secrétariats des organismes onusiens[59]. En outre, aucun mécanisme d'évaluation des résultats n'avait été prévu. C'est le SG qui avait été chargé par l'ECOSOC d'examiner les progrès accomplis, en consultation avec les institutions spécialisées. Il s'en était acquitté dans un rapport intitulé,

---

[56] Virally, "La 2ème décennie des Nations Unies pour le développement..., p.67.

[57] Les mesures à prendre par les Nations unies firent l'objet d'un important rapport du Secrétaire général, publié en 1962 (E/3613), mais dont l'exécution dépendait aussi des moyens que les États membres accepteraient de mettre à la disposition de l'ONU et des Institutions spécialisées.

[58] P. Dagbo Gode, *La diplomatie africaine. Théorie et Pratique*, Paris, L'Harmattan, 2014, p.60.

[59] Virally, up cite, p.10.

"À mi-chemin dans la décennie des Nations Unies pour le développement", publié le 11 juin 1965. Sur un ton pessimiste, celui-ci laissait présager ce qui allait être constaté à la fin de la décennie : seul un petit nombre de pays africains avaient atteint le taux de croissance projeté à 5 %[60]. L'on peut donc subodorer que la déception provoquée par cette non-atteinte des objectifs ne pouvait ne pas ouvrir la voie à un véritable *brainstorming,* en vue de déterminer les causes de cet insuccès. Dans ce but, l'ECOSOC avait mis sur pied un groupe d'experts indépendants, chargé de mettre l'expérience de ses membres en matière de planification du développement au service des Nations Unies[61]: c'est le Comité de la planification du développement, souvent désigné par le nom de son président, le Comité Tinbergen[62].

De son côté, l'AG avait reconnu la nécessité, pour réussir, à définir à l'échelle internationale, un ensemble cohérent de buts et d'objectifs concrets et spécifiques, comme le font les pays dans leur propre plan de développement, en lieu et place d'un objectif global unique (Résolution 2084 (XX) 1965). Ces idées allaient progressivement prendre corps dans deux schémas fondamentaux : celui d'une Charte internationale du développement[63], et celui d'une stratégie internationale du développement, intégrées toutes deux dans la résolution 2218 (XVI) 1966 de l'Assemblée générale. Si l'idée d'une charte internationale avait été jugée quelque peu prématurée, et fait l'objet d'un abandon, celle d'une stratégie internationale du développement avait pris corps,

---

[60] Virally, "La 2ème décennie des Nations Unies pour le développement…, p.11.

[61] Résolution CES 1079 (XXXIX) du 20 juillet 1965.

[62] Ibid.

[63] M.Virally, "Le cadre juridique international du développement : vers une charte internationale du développement", in *Développement et civilisation*, n° 32, 1967, pp. 70-79.

à travers la mise sur pied d'une autre décennie de développement. C'est ainsi que, le 24 octobre 1970, à la clôture de la session commémorant le 25e anniversaire de la création de l'ONU, l'AG adoptait sans objection aucune, la résolution 2626 (XXV), intitulée, "Stratégie internationale du développement pour la deuxième décennie des Nations Unies pour le développement", proclamant ainsi la deuxième Décennie pour le développement, à compter du 1er janvier 1971. Contrairement à sa devancière, le lancement de la deuxième décennie était précédé d'un intense travail de réflexion, d'étude et de tractations, dont elle allait capitaliser les résultats. Indépendamment des nombreuses études réalisées au sein des Secrétariats, qui avaient alimenté de multiples résolutions au sein du système des Nations Unies, Michel Virally relève quatre contributions particulièrement importantes :

- la première est celle de la deuxième Conférence des Nations Unies pour le Commerce et le Développement, tenue à New Delhi, en 1967. Généralement perçue sous le prisme de l'échec, elle n'avait pas moins abouti à un accord de principe sur l'établissement d'un système généralisé de préférences en faveur des pays en voie de développement, sans réciprocité ni discrimination. Bien que laborieuse, sa mise au point prit définitivement forme en octobre 1970, à la veille du lancement de la 2e décennie[64]. Plusieurs autres résolutions de cette conférence avaient été également intégrées dans la nouvelle décennie ;

[64] TD/B/330, Rapport du Conseil du commerce et du développement sur sa quatrième session extraordinaire (12-13 octobre 1970), cité par Virally, "La 2ème décennie des Nations Unies pour le développement...", p.12.

- la deuxième contribution que cet auteur relève est le rapport Pearson[65]. Réalisé à la demande de la BIRD, il dressait un inventaire des problèmes de développement, des méthodes d'assistance internationale et des résultats atteints, et formulait un ensemble de recommandations aux pays industrialisés et aux pays en voie de développement, dans la perspective des 25 années à venir. Eu, égard à la personnalité de ses architectes, le rapport Pearson avait certainement fait autorité auprès des gouvernements des pays développés à économie de marché ;

- il convient, en troisième lieu, de citer l'"Étude de la capacité du système des Nations Unies pour le développement", ou Rapport Jackson. Commandée par le PNUD, cette étude passait au scanner le système d'assistance technique des Nations Unies, et formulait des recommandations afin d'en accroître l'efficacité. Si ce n'est pas ici le lieu de commenter ce rapport et l'accueil qui lui avait été réservé, il convient, tout au moins, de rappeler que l'assistance technique était demeurée une des contributions majeures du SNU en faveur des pays en voie de développement pendant les années d'après[66].

Enfin, les travaux du Comité Tinbergen déjà cités avaient fourni la première ébauche de la stratégie internationale du développement, et permis de formuler certaines hypothèses de base que les travaux ultérieurs devaient pouvoir en tenir compte[67].

La stratégie internationale du développement se présente comme une vaste "campagne", au sens onusien du terme,

---

[65] *Vers une action commune pour le développement du tiers monde*, Paris, 1969, Virally, in "La 2ème décennie des Nations Unies pour le développement....", p.13.

[66] Virally, up cite, p.13.

[67] Cf. Rapports du Comité sur ses six premières sessions : E/4207/Rev. 1 ; E/4362 ; E/4515 ; E/4682 ; E/4776 (publiés en supplément aux 41», 43» 45e 47» et 49e sessions du Conseil économique et social), cité par Virally, up cite, p.13.

pour une mobilisation des ressources et des efforts concertés des États et des organisations internationales, en vue de renverser la tendance générale marquée par un creusement continu de l'écart entre pays en voie de développement et pays développés, du fait du retard qu'accusaient de plus en plus les premiers par rapport aux seconds. Si l'on s'en tient à l'essentiel, elle est composée de trois éléments distincts : les buts et les objectifs, les mesures et les procédures d'évaluation.

S'agissant des objectifs, l'on retrouve encore comme objectif global, le taux moyen de croissance annuelle du produit intérieur brut de l'ensemble des États africains, mais fixé cette fois à 6 %. Ceci étant, ce taux était détaillé en un certain nombre de composantes. Ce sont : d'abord le taux moyen de croissance annuelle du produit brut par habitant (3,5 %), calculé en fonction d'une évaluation du mouvement démographique (accroissement moyen annuel de 2,5 %) ; ensuite, l'expansion moyenne annuelle de la production dans l'agriculture (4 %) et dans l'industrie (8 %) ; enfin, l'expansion moyenne annuelle du rapport de l'épargne intérieure brute au produit brut (0,5 %, pour atteindre 20 % en 1980), et du commerce extérieur (un peu moins de 7 % pour les importations, et un peu plus de 7 % pour les exportations[68].

En outre, à côté des objectifs quantifiés, un consensus semblait émerger sur le but ultime du développement, qui était ″d'offrir des occasions toujours plus grandes d'amélioration des conditions de vie pour tous″. Ce qui impliquait des objectifs sociaux, à côté d'objectifs purement économiques. Bien entendu, ceci constituait une nouveauté par rapport à la décennie précédente. Sur le plan social, les mesures suivantes étaient recommandées :

---

[68] Virally, ″La 2ème décennie des Nations Unies pour le développement…″, p.16.

- l'électrification des régions rurales, la construction chaque année, en Afrique, de 24 millions de logements afin d'éliminer en trente ans, la pénurie existante, loger l'excédent de population, et remplacer les logements vétustes ;

- l'éradication des endémies par la vaccination, la création des services de santé de base, et la formation du personnel de santé étaient fortement recommandées, afin de réaliser l'objectif de l'accès des groupes les plus défavorisés aux soins de santé primaire. On projetait, par exemple, de parvenir à la fin de l'année 1970, à un ratio de 1 médecin pour 10 000 habitants, une infirmière pour 5000 habitants, 01 technicien pour 5000 habitants, un auxiliaire sanitaire pour 1000 habitants, un hygiéniste pour 15000 habitants, un ingénieur sanitaire pour 258000 habitants ;

- la participation des femmes au processus de développement dans tous les secteurs et à tous les niveaux et à égalité avec les hommes, aussi bien comme agents, que comme bénéficiaires ;

- les objectifs commerciaux prévoyaient l'adoption du Nouvel ordre économique international (NOEI) ;

- dans le secteur agricole, il était prévu de généraliser l'emploi des techniques agricoles modernes, afin d'augmenter la production alimentaire dans des proportions voulues, c'est-à-dire, 3,8 à 4,3 %[69].

L'autre nouveauté résidait dans les mécanismes d'évaluation. Contrairement à la première décennie, la deuxième avait prévu que des évaluations allaient être faites aux niveaux, national, régional, et international. Aux échelles internationales et régionales, l'évaluation revenait au gouvernement lui-même. Les pays africains devaient

---

[69] J. Adalaba, "Coopération pour le développement international : bilan des décennies des Nations Unies pour le développement au Cameroun (1961-1991) ", Thèse de Doctorat *Ph.D* en Histoire, Université de Yaoundé I, en cours, p.50.

établir des mécanismes appropriés à cet effet. Aux autres échelons, la responsabilité principale incombait au SNU : aux Commissions économiques régionales, aux institutions et organismes spécialisés dans leurs secteurs respectifs, et à l'Assemblée générale, par l'intermédiaire du Conseil économique et social, pour l'évaluation générale.

Malgré ces innovations principielles et fonctionnelles, la Stratégie internationale pour le développement de l'Afrique ne se démarquait pas fondamentalement de la première décennie en termes de résultats positifs. Diverses actions avaient été menées par les pays africains de concert avec le SNU en vue de la réalisation de ces deux initiatives onusiennes. Mais les résultats y relatifs étaient très éloignés des objectifs initiaux. En fait, si l'objectif de sensibilisation et de mobilisation de la presque totalité des États du monde sur les problèmes africains semblait avoir été globalement atteint, les résultats concrets sur le terrain n'étaient pas à la hauteur de l'ambition et des attentes.

Un aperçu des causes de l'échec des décennies des Nations unies pour le développement de l'Afrique commande de reconnaître que celles-ci sont imputables, non seulement aux tares de la gouvernance des États africains, mais aussi, aux dysfonctionnements du système des Nations Unies (SNU). C'est d'ailleurs ce qui ressort de l'étude de Jean Adalaba[70], qui s'est penché sur le bilan de la mise en œuvre de ces deux initiatives onusiennes au Cameroun. Au terme d'une enquête de terrain, cet auteur explique que l'échec de l'action de l'ONU au Cameroun dans le cadre des décennies pour le développement de l'Afrique est inhérent aux dysfonctionnements internes du SNU, et aux tares de la gouvernance camerounaise. Faute de mieux, nous nous inspirons de cette étude pour faire

[70] Adalaba, ″Coopération pour le développement international : bilan des décennies des Nations Unies pour le développement au Cameroun (1961-1991)″, p.50.

ressortir l'échec de ces programmes onusiens en Afrique subsaharienne. Au rang des dysfonctionnements du SNU, Adalaba mentionne en première ligne le sempiternel et épineux problème de la coordination. Si en principe, le PNUD est censé être le patron en chef de la coordination des activités d'assistance technique multilatérale dans les pays bénéficiaires, la réalité est toute autre. Certains organismes échappent à son autorité, et par ricochet à sa coordination[71]. La Banque mondiale et les autres organismes internationaux ne lui reconnaissent ce rôle que symboliquement.[72] Même les autres organismes onusiens affiliés au PNUD ne reconnaîtraient son autorité que protocolairement. Cette carence de coordination génère les conséquences suivantes : les disparités dans les périodes de programmation[73], la dispersion, la répétition et la longue durée des projets. À ce problème de coordination, s'ajoutent la superficialité des études de faisabilité, le coût onéreux de l'expertise internationale et l'inadéquation des projets.

D'après les spécialistes en management des projets, la mise en œuvre de tout projet, quelle que soit sa nature, doit être précédée par une étude préalable de faisabilité. Dans le cadre des projets à caractère économique ou social, celle-ci requiert des enquêtes sociologiques et anthropologiques permettant de s'enquérir des attentes réelles des populations cibles. Il est donc nécessaire, avant de creuser un forage

[71] Remarque de la Représentante résidente du PNUD, cité dans le *Document de Stratégie de réduction de la pauvreté du Cameroun (DSRP),* Yaoundé, PNUD/MINEPAT, p.12, cité par Adalaba, "Contribution de la coopération technique au développement...", p.212.

[72] J. Loup, "Les tables rondes du PNUD et le problème de la coordination des aides", in *Afrique contemporaine*, n°spécial, Paris, Éditions internationales, 1998, p.176.

[73] Par exemple, au Cameroun : le FUNUAP (3 ans), le FAO et l'ONUDI (2 ans), le PNUD lui-même (4 ans). Or ce décalage n'est pas de nature à permettre une coordination en synergie, à même de produire des effets induits sur le développement dans un temps déterminé.

d'eau, ou de réaliser n'importe quel autre projet à caractère social dans une localité, de requérir les avis des populations qui en bénéficieront. Compte tenu de cette exigence, des projets conçus et réalisés sur la base d'études de faisabilité superficielles, bâclées ou non-existantes du tout, conduisent nécessairement à une impasse, soit du fait d'un inachèvement, soit à cause de l'indifférence et de la non-appropriation des populations bénéficiaires lors de la phase exécutoire. Cela s'est vérifié dans le cadre de la majorité des projets mis en place au Cameroun par le SNU, au cours des trente premières années d'indépendance[74].

Déjà, en 1965, les Nations unies déploraient dans une évaluation du PEAT, et partant, celle à mi-parcours de la première décennie de développement, que les projets aient été déterminés par les agences du SNU, sans une quelconque implication du pays bénéficiaire, encore moins de sa population. En voici les termes : ce processus risquait d'aboutir à une simple énumération des projets à entreprendre dans chaque pays intéressé plutôt qu'un programme authentique et coordonné visant véritablement à satisfaire les besoins du pays par ordre de priorité et en fonction des impératifs économiques[75].

L'on ne saurait passer sous silence l'épineuse problématique du coût de l'assistance technique. Dans le cadre des projets des décennies de développement, la moitié, et parfois plus de la moitié des ressources financières était souvent affectée au paiement des experts, notamment, le Conseiller technique principal (CTP), conducteur du projet[76]. Concernant les tares de la

---

[74] J. Adalaba, "Coopération pour le développement international : bilan des décennies des Nations Unies pour le développement au Cameroun (1961-1991) ", Thèse de Doctorat *Ph.D* en Histoire, Université de Yaoundé I, en cours, p.216.

[75] Ibid., p.218.

[76] Ibid.

gouvernance camerounaise identifiées par Adalaba, ceux-ci se résument, pour l'essentiel, dans les carences et l'inertie de l'administration, la méconnaissance de la coopération technique par les planificateurs et les décideurs camerounais, une diplomatie du développement dévoyée, un réarmement psychologique pour le développement inefficient. Si ces problèmes ne se posaient pas dans tous les États africains dans les mêmes termes, encore moins avec la même ampleur, l'échec des deux premiers programmes onusiens en faveur de l'Afrique dans son ensemble, est dû à des facteurs endogènes, au moins semblables, au plus différents. L'échec de ces deux premières initiatives onusiennes, y compris le fiasco de la troisième[77], et la dégradation de la situation économique des pays africains à partir des années 1980 avaient poussé l'ONU à envisager d'autres initiatives en faveur de ce continent.

Les décennies des Nations unies pour les transports et les communications en Afrique (UNTACDA I, UNTACDA II)

L'idée d'une décennie des Nations unies pour les transports et les communications en Afrique avait été émise par Marcel Yondo, chef de la délégation camerounaise à la Conférence sur la coopération économique internationale, tenue à Paris, de décembre 1975, à juin 1977[78]. Sa proposition visait la construction des infrastructures routières en Afrique de manière à relier les capitales africaines entre-elles, et le développement des réseaux de

---

[77] La troisième décennie des Nations Unies pour le développement de l'Afrique avait été contrariée par les programmes d'ajustement structurel.

[78] J. Koufan Menkéné, R. Bidias, *La diplomatie camerounaise au service du nouvel ordre économique international*, Paris, L'Harmattan, 2020.

communication du continent avec le soutien financier des pays développés. Le projet fut approuvé par consensus par les participants, et soumis à l'appréciation de l'ONU. Au cours de leurs sessions de juillet 1979, la Conférence des Chefs d'États et de gouvernements de l'OUA, et le Conseil économique et social des Nations Unies avaient examiné et adopté la Stratégie globale de la « Décennie des Nations Unies pour les transports et les communications en Afrique (1978-1988) »[79], ainsi que le programme d'action de la première phase (1980-1983). Il s'agissait d'un ensemble de dispositions qui constituent le Volume I de la décennie, issues de la Conférence des ministres des Transports, des Communications et de la Planification tenue à Addis-Abeba, du 09 au 12 mai 1979[80].

De manière générale, c'était un programme visant à doter le continent africain d'un réseau routier de bonne qualité, praticable en toutes saisons, reliant directement les capitales africaines et les principaux bassins de production, ainsi que le développement des corridors. Pour ce faire, 1 570 projets avaient été retenus dans le cadre de ce programme pour un coût total estimé à 24,6 milliards de dollars. Parmi ceux-ci, figuraient des projets d'autoroutes transafricaines, dont certains tronçons devaient relier Le Caire à Dakar, Tripoli à Windhoek, et Lagos à Mombassa. Elles devaient faciliter l'accès à la mer de 15 pays sans littoral, et améliorer les liaisons régionales. Selon certaines estimations, sur ces 1750 projets, environ 806 (plus de 50 %) avaient été exécutés en 1988, pour un coût de 1 2,9

---

[79] Dénommée UNTACDA (United Nations Transport and Communications Decade for Africa, 1978-1988).

[80] Nations Unies, Conseil Economique et Social, Commission Economique pour l'Afrique, *Décennies des Nations Unies pour les transports en Afrique (1978-1988). Rapport à l'ECOSOC*, Session de juillet 1980.

milliards de dollars US[81]. Cependant, si de nombreux projets routiers avaient été réalisés dans la quasi-totalité des États africains, ceux-ci n'étaient pas à la hauteur des attentes. Les États africains n'avaient, ni construit les transafricaines prévues, ni développé des réseaux de transport viables dans le cadre de ce programme. Par exemple, le projet de la transafricaine Lagos-Mombassa (6 300 km) dans son axe principal et devant traverser le Nigeria, le Cameroun, la République centrafricaine, le Zaïre, le Kenya et l'Ouganda, n'avait même pas connu sa phase de démarrage. Les raisons de cet échec sont d'ordre financier et politique. Sur ce deuxième plan, le recul historique autorise à affirmer que la mise en œuvre de la première décennie des transports avait aussi souffert des calculs politiciens des dirigeants africains qui, en raison de certaines contraintes de politique intérieure[82], voyaient en la création des routes transfrontalières, des voies d'accès pour leurs opposants basés dans des pays voisins.

Face à ce constat d'échec, l'évaluation approfondie des résultats de la première Décennie avait donné à la communauté internationale de constater qu'une période de dix ans était insuffisante pour atteindre les objectifs visés. C'est ainsi que la sixième réunion de la Conférence des ministres africains des Transports, des Communications et de la Planification tenue à Kinshasa (Zaïre), en mars 1988, avait décidé de lancer une deuxième décennie pour le développement des transports et des communications en Afrique, couvrant la période 1991-2000. Instruits par les insuffisances de la première décennie, les ministres

---

[81]Younoussa Koita, Animateur du sous-groupe 2.4.1., de l'AIPCR, Conseiller au Ministère des transports de la république de Guinée.

[82] En effet, de nombreux pays africains connaissent des dissensions intérieures après leur accession à l'indépendance. Les pouvoirs en place faisaient face à une opposition interne qui contestait leur légitimité y compris à l'étranger.

africains avaient conditionné l'approbation de la deuxième Décennie par l'élaboration d'un programme plus ambitieux, étalé sur une période de deux ans. Cette décision de la Conférence des ministres africains avait finalement été entérinée par l'Assemblée générale des Nations Unies en 1988, qui avait proclamé la période 1999 -2000, deuxième Décennie des Nations Unies pour les Transports et les Communications en Afrique.

Le deuxième programme décennal, dénommé UNTACDA II, avait été lancé en 1991 avec comme objectif de longs termes, la mise en place d'un système efficace intégré de transport et de communication comme base de l'intégration physique de l'Afrique. Pour ce faire, 708 projets avaient été approuvés, dont 508 pour les transports répartis comme suit : routes et transports routiers : 214 ; chemins de fer : 89 ; transports aériens : 77 ; transports maritimes : 40 ; ports maritimes : 37 ; transports multimodaux : 27 ; transports par voie d'eau intérieure : 17 ; transports urbains : 17.

En plus du domaine infrastructurel, UNTACDA II comportait quatre initiatives dans les domaines des ressources humaines et du développement des institutions, y compris la Déclaration de Yamoussoukro sur une nouvelle politique des transports aériens en Afrique, la base de données des transports régionaux et le Bureau des routes transafricaines[83]. La participation d'un grand nombre d'États africains ainsi que l'ensemble des organisations intergouvernementales africaines confère au programme de l'UNTACDA II une dimension panafricaine. Ceci est illustré par la soumission de projets par 43 États, 4 organisations sous-régionales d'intégration économique, et 8 institutions spécialisées africaines. Regroupés sur une

[83] CEA, Rapport d'examen africain sur les transports, disponible sur l'URL http://www1.uneca.org/Portals/3/documents/AfricanReviewReport-on-TransportSummary.pdf

base sous-régionale, les projets approuvés étaient répartis de la manière suivante : Afrique centrale, transports (93), communications (52) ; Afrique de l'Est et Australe, transports (164), communications (84) ; Afrique du Nord, transports (25), communications (10) ; Afrique de l'Ouest, transports (127), communications (33) ; régional (Afrique): transports (69), communications[84].

Selon la Commission économique des Nations Unies pour l'Afrique, contrairement à la première décennie, des résultats satisfaisants avaient été obtenus suite à la mise en œuvre d'UNTACDA II en termes d'expansion du réseau de transports, d'amélioration qualitative des infrastructures de transport et des services, et de renforcement des capacités institutionnelles. La mise en œuvre du programme sur le plan de l'exécution des projets avait donné les résultats ci-après : nombre de projets achevés : 354 ; nombre de projets partiellement exécutés : 112 ; nombre de projets non exécutés : 202 ; nombre de projets abandonnés : 40 ; total : 708[85]. Sur le plan de l'exécution financière du programme, le coût total des 708 projets était de 17 260,97 milliards de dollars en 2000, contre une estimation de 12 745,56 milliards de dollars au moment de leur approbation en 1991 et 1993, soit un accroissement d'environ 35,4 %.

Le financement se répartissait comme suit : secteur des transports (7 290,59 milliards de dollars, soit un taux de mobilisation d'environ 51 %), dont les routes et le transport routier (3 265,32 milliards de dollars et 41 %), les chemins de fer (242,03 milliards et 66 %), le transport aérien (389,57 et 73 %), le transport multimodal (51,41 milliards de dollars et 55 %), le transport par voie d'eau intérieure, 82 milliards de dollars et 81 %) ; le transport urbain (75,05 milliards de dollars et 48 %) ; le transport maritime (69,69 milliards de dollars et 84 %) ; ports maritimes (383,57 milliards de

[84] CEA, up cite, p.5.6.

[85] Ibid.

dollars et 77 %) ; secteur des communications (1 714,92 milliards de dollars et 54 %), dont les télécommunications (1 671,25 milliards de dollars et 84 %) radiodiffusion (26,28 milliards de dollars 20 %), services postaux (17,39 milliards de dollars et 32 %), projets nationaux (8 506,49 % milliards de dollars et 53), projets sous régionaux (427,24 milliards de dollars et 89 %), projets régionaux (64,63 milliards de dollars et 63 %), Afrique centrale (288,13 milliards de dollars et 41), Afrique de l'Est (1 809,10 milliards de dollars et 65 %), Afrique australe (2 701.38 milliards de dollars et 74 %), Afrique de l'Ouest (2 213,27 milliards de dollars 75 %), la région (125,29 milliards de dollars et 72 %).

Il en ressort un taux de mobilisation de ressources inférieur à 50 % pour les sous-secteurs « routes et transport routier », transport urbain « radiodiffusion » et « services postaux », ainsi que pour les sous-régions Afrique centrale, et Afrique du Nord. En tenant compte de l'existence d'un financement d'environ 2096,45 milliards de dollars au moment du lancement du programme, le montant des ressources mobilisées au cours de la période de la Décennie s'élève à 6 909,90 milliards de dollars, ce qui représente environ 65 % du montant du « reste à financer », soit 10 240,22 milliards au début de la Décennie, le coût des projets abandonnés (408,89 milliards de dollars) étant exclu. Au regard de ces statistiques, l'on peut considérer que la performance de la mobilisation des ressources avait été bonne, compte tenu des conditions difficiles de mise en œuvre du programme. Qu'en est-il des décennies du développement industriel de l'Afrique (DDIA, DDIA II) ?

Les décennies du développement industriel de l'Afrique

Les deux premières Décennies du développement industriel de l'Afrique, DDIA I (1980-1990) et DDIA II (1993-2002), visaient à développer les moteurs internes de la croissance sur la base des richesses et des ressources naturelles du continent africain. L'objectif étant de mettre le continent africain sur les rampes de l'autonomie et de l'autosuffisance par une industrialisation inclusive et durable, avec l'appui concerté de la communauté internationale. Ce faisant, la DDIA I visait à donner corps aux objectifs du Plan d'action de Lagos pour le développement économique de l'Afrique (1980-2000), adopté en 1980. Les filières industrielles prioritaires étaient celles du traitement des produits alimentaires, du textile, de la foresterie, des matériaux de construction et du bâtiment, de la métallurgie, du génie chimique et des petites industries[86].

Le programme de la DDIA II, quant à lui, était axé sur le relèvement des industries existantes et l'expansion de certaines filières, notamment, le cuir et les produits en cuir, le textile, la métallurgie, la chimie, l'ingénierie, la construction, l'agriculture et la production alimentaire, la promotion des petites et moyennes industries et la fourniture d'infrastructures physiques et institutionnelles. Il comportait des programmes de consolidation et d'expansion industrielle, de promotion du secteur des petites et moyennes entreprises, de développement de l'entrepreneuriat et des services d'appui. Les diverses interventions de développement qui figuraient dans sa Feuille de route correspondaient aux différentes conditions nécessaires pour un développement industriel inclusif et durable dans les pays africains.

Ce chapitre met en lumière les efforts inlassables de l'ONU en faveur du développement économique, industriel, et infrastructurel du continent africain. S'il est

[86] DDIA3, *Troisième décennie du développement industriel de l'Afrique, 2016-2025, Feuille de route pour la troisième décennie du développement industriel de l'Afrique (2016-2025)*, p.1.

indéniable que beaucoup de choses avaient été faites dans ce sens, les carences des pays africains dans ces domaines expliquent le fait que les fruits n'aient pu tenir la promesse des fleurs. Raison, pour laquelle d'autres initiatives onusiennes ont été mises sur pied par la suite.

CHAPITRE 3 : Le Programme d'Action des Nations unies pour le Redressement Économique et le Développement de l'Afrique (1986-1990)

Le Programme d'action des Nations Unies pour le redressement économique et le développement de l'Afrique (PANUDERA) avait été mis sur pied par l'Assemblée générale des Nations unies, en 1986, en guise de réponse à la dégradation continuelle de la situation socio-économique du continent africain. Il consistait en un ensemble de mesures synergiques que les États africains et la communauté internationale devaient mettre en œuvre conjointement. Les gouvernements africains s'engageaient à exécuter des réformes économiques susceptibles d'améliorer leur politique économique dans le cadre du Programme prioritaire de redressement économique de l'Afrique (PPREA, 1986-1990)[87]. La communauté internationale quant à elle, s'engageait à soutenir les efforts déployés par les États africains pour exécuter le PANUDERA dans des domaines que la suite de ce chapitre présente[88]. Mais avant, il n'est pas sans intérêt de rappeler, tout d'abord, le diagnostic onusien de la crise africaine.

La crise africaine vue des Nations unies

Pour bien situer le PANUDERA dans son contexte, il importe de s'intéresser à la lecture onusienne de la crise qui frappait de plein fouet les économies africaines dans les années 1980. Du point de vue onusien, la crise économique

---

87 *Programme prioritaire de redressement économique de l'Afrique, 1986-1990,* adopté à la 21e session ordinaire de l'Assemblée des chefs d'État et de gouvernement de l'OUA (18-20 juillet 1985), publié par la FAO, 1985.

88 TD/B/1280/Add.1/Rev.1, *Examen et évaluation finals du programme d'action des Nations Unies pour le redressement économique et le développement de l'Afrique, 1986-1990*, Rapport du Secrétaire général de la CNUCED, Nations Unies, New York, 1991, p.1.

qui secouait l'Afrique résultait d'une combinaison de facteurs endogènes et exogènes. Au titre de facteurs endogènes, l'ONU relevait : les carences des infrastructures institutionnelles et matérielles ; les stratégies et politiques économiques qui, dans certains cas, n'avaient pas atteint leurs objectifs ; les différences dans le niveau de développement entre les zones urbaines et les zones rurales, et dans la répartition du revenu ; les capacités de gestion administratives insuffisantes ; la mise en valeur inadéquate des ressources humaines et le manque de ressources financières ; les facteurs démographiques et l'instabilité politique qui s'étaient traduits, entre autres, par un nombre de réfugiés sans cesse croissant[89].

Au rang des facteurs crisogènes exogènes, l'ONU mentionnait : la récession économique mondiale, la chute des cours des produits de base, la détérioration des termes de l'échange, la diminution des flux financiers, la montée du protectionnisme et la hausse des taux d'intérêt, l'alourdissement de la dette et de son service. Au regard d'une telle situation, des politiques économiques novatrices et de vastes portées devaient donc être implémentées d'urgence pour remettre les États africains sur les rails du développement[90]. Fondé sur l'engagement mutuel et la coopération multilatérale, le PANUDERA reposait sur deux principes essentiels : l'engagement et la détermination des États africains de mettre en œuvre des programmes nationaux et régionaux de développement économique, comme il ressort du Programme prioritaire de redressement économique de l'Afrique (PPREA, 1986-1990), adopté par les Chefs d'État et de gouvernement africains en juillet 1986, et l'engagement des pays industrialisés membres des

---

[89] Assemblée Générale, *Résolution adoptée sur le Rapport du Comité plénier ad hoc de la 13e session extraordinaire*, juin 1986, p.3.
[90]Ibid.

Nations Unies, à soutenir les efforts de développement déployés par les États africains.

Les grands axes du PANUDERA

Dans le cadre du PPREA, les États africains avaient pris l'engagement de mener une série d'activités prioritaires, et des politiques précises, concrètes et opérationnelles. L'application du PPREA devait contribuer à l'exécution du Plan d'action de Lagos (PAL) dans le cadre de la mise en œuvre de la Stratégie de Monrovia pour le développement économique de l'Afrique, de la Décennie du développement industriel de l'Afrique proclamée par l'AG dans sa résolution 35/66 B du 5 décembre 1980, de la décennie des transports et des communications en Afrique, proclamée par l'AG dans sa résolution 32/160 du 19 décembre 1977, et de la déclaration de Harare sur la crise alimentaire en Afrique, adoptée le 25 juillet 1984 par la 13e conférence régionale de la FAO pour l'Afrique[91]. Des grands chantiers du Programme prioritaire aux niveaux nationaux, sous-régionaux, et régional, étaient annoncés.

Au niveau national, un accent particulier était mis sur l'agriculture et ses secteurs connexes. Une place extrêmement importante était faite au secteur alimentaire et agricole dans le Programme prioritaire. La pléthore des mesures immédiates, à moyen terme, et à long terme, destinées à redynamiser ce secteur, en portait témoignage.

Au nombre des mesures immédiates à prendre pour faire face aux situations alimentaires d'urgence, le PPREA prévoyait 4 principales :

- la mise en place et le maintien des capacités nationales d'intervention en cas d'urgence ;
- l'institution des systèmes efficaces d'alerte rapide ;

[91] *Résolution adoptée sur le Rapport du Comité plénier ad hoc de la 13e session extraordinaire*, p.3.

- l'établissement des réseaux régionaux souples et efficaces d'organismes pour la protection des récoltes ;

- l'établissement des arrangements nationaux de sécurité alimentaire.

Des mesures à moyen terme vouées à donner une nouvelle impulsion au développement agricole et faire augmenter les niveaux de productivité et de production étaient envisagées, à savoir :

- relever de manière substantielle le niveau des investissements agricoles ;

- accroître la productivité ouvrière ;

- repenser, protéger et mettre en valeur les terres arables et en accroître la productivité ;

- stopper des politiques visant à fixer les prix des produits de la terre à un niveau rémunérateur, créer des systèmes d'incitation ou renforcer ceux qui existent ;

- éliminer les politiques des prix qui ont tendance à décourager la production, et mettre sur pied des programmes efficaces de crédit agricole ;

- mécaniser l'agriculture en promouvant l'utilisation d'équipements modernes pour l'exploitation et la transformation des produits agricoles, accroître l'utilisation d'engrais, de semences améliorées et de pesticides ;

- améliorer et développer la capacité de stockage, la distribution ainsi que le système de commercialisation ;

- développer la recherche et la vulgarisation agricoles grâce à la création d'un réseau de centres de recherche agronomique et de services de vulgarisation chargés de mettre au point et de diffuser des techniques agricoles appropriées ;

- mettre à la disposition des petits exploitants des intrants nécessaires pour accroître la production, améliorer l'utilisation et la gestion des ressources en eau et créer des systèmes d'irrigation peu coûteux ;

- mettre sur pied des programmes de reboisement et de lutte contre la sècheresse et la désertification, y compris des programmes relatifs à la production de bois de chauffe et améliorer l'entretien du matériel agricole ;

- améliorer la distribution des produits agricoles.

Le coût total de l'investissement que requérait la mise en œuvre de ces mesures était estimé à 54,4 milliards de dollars, ce qui représentait 44,8 % du coût total de la mise en œuvre du programme prioritaire[92].

Une synergie d'action commandait la prise en compte des autres secteurs d'appui à l'agriculture. En effet, le succès des efforts déployés par les États africains pour atteindre les objectifs susmentionnés dépendait du développement parallèle des secteurs d'appui à l'agriculture indiqués ci-après :

***Modernisation et développement des industries d'appui à l'agriculture par le biais des mesures suivantes :**

- l'implantation des industries pour la production en matériel et d'outils aléatoires, du petit matériel d'irrigation, et d'intrants agricoles ;

- la transformation des matières premières et des biens intermédiaires ;

- la remise en état et la modernisation des installations existantes ;

- le développement de la capacité d'utilisation des sources d'énergie renouvelable, notamment la biomasse et l'énergie solaire ;

- l'installation de la capacité technique nécessaire à la production de pièces détachées et de composants.

***Développement des transports et des télécommunications**

---

[92] *Résolution adoptée sur le Rapport du Comité plénier ad hoc de la 13e session extraordinaire*, p.5.

L'objectif à ce niveau consistait à améliorer l'accès aux zones de production et à faciliter le développement du commerce intra-africain des matières premières non agricoles, industrielles, et celui d'autres biens et services complémentaires :

- entretenir et développer le réseau de voies d'accès et de desserte, les petits ponts et les pistes ;
- repérer les obstacles, moderniser et entretenir les moyens de transport et de communications existants ;
- utiliser les techniques à forte intensité de main d'œuvre pour la construction et l'entretien de l'infrastructure des transports ;
- fabriquer les pièces de rechange pour la réparation et l'entretien des véhicules de transport public, des machines ou du matériel ;
- participer au développement des réseaux de transport multinationaux et intermodaux.

Commerce et finances

Dans ce domaine, il était question d'améliorer les circuits de distribution pour le commerce intérieur, grâce aux mesures ci-après :

- l'adoption d'une politique de prix, propre à stimuler la production agricole ;
- l'amélioration des circuits de distribution intérieurs ;
- l'identification et l'élimination des entraves à l'expansion du commerce ;

Pour ce qui est de la coopération financière, l'on envisageait :

- l'utilisation accrue des mécanismes de compensation existants ;
- l'adoption des mesures coordonnées pour créer des marchés financiers aux niveaux national, sous-régional et régional ;
- l'intensification des efforts tendant à instituer un fonds monétaire africain. La mise en œuvre de ces mesures

envisagées dans les autres secteurs d'appui à l'agriculture devait coûter 60,1 milliards de dollars.[93]

Sècheresse et désertification

Les mesures ci-après devaient être prises aux niveaux national, sous-régional et régional :

- le boisement et reboisement à grande échelle ;
- l'amélioration de la gestion des ressources en eau, en particulier des bassins fluviaux et de l'irrigation ;
- la protection des écosystèmes communs ;
- l'exploitation des nouvelles sources d'énergie en remplacement du bois de chauffe ;
- la stabilisation des dunes de sable ;
- les mesures contre l'érosion du sol ;
- l'amélioration du drainage des zones irriguées ;
- l'application intégrale du Plan d'action pour la lutte contre la désertification, approuvé par l'AG dans sa résolution 32/172 du 19 décembre 1977. On estimait à 3,41 milliards, le coût de cette batterie de mesures[94].

Mise en valeur, développement, planification et utilisation des ressources humaines

À ce niveau, les politiques globales à adopter par les gouvernements africains pour planifier, mettre en valeur et utiliser les ressources humaines, et les intégrer dans leurs politiques et plans de développement nationaux étaient les suivantes :

- modifier radicalement les systèmes d'éducation à tous les niveaux pour s'assurer que les aptitudes, connaissances et attitudes requises pour les besoins de développement de l'Afrique étaient créées ;
- intensifier les efforts tendant à promouvoir les programmes d'alphabétisation des masses populaires et l'éducation des adultes ;

---

[93] *Résolution adoptée sur le Rapport du Comité plénier ad hoc de la 13e session extraordinaire*, p.5.

[94] Ibid., p.6.

- utiliser efficacement la main-d'œuvre, notamment grâce à des mesures visant à inverser l'exode des compétences et à protéger les droits de l'homme ;

- réduire la dépendance excessive de la plupart des pays d'Afrique à l'égard des experts étrangers afin de freiner la fuite des devises ;

- promouvoir le rôle et la participation des femmes et des jeunes au processus de développement, notamment en milieu rural. Le coût total était estimé à 7 milliards de dollars.[95]

Au niveau sous-régional, des mesures de coopération étaient recommandées pour lutter contre la sècheresse et la désertification, s'attaquer aux problèmes des pays insulaires, enclavés ou semi-enclavés, ainsi qu'à ceux des PMA. La question des réfugiés et des personnes déplacées devait bénéficier d'une attention prioritaire. Au niveau régional, les États africains étaient invités à coopérer pour renforcer leurs institutions sociales et économiques à tous les niveaux. La coopération africaine devait être consolidée dans le cadre des organisations sous-régionales, sur la base de critères économiques, y compris ceux relatifs aux ressources naturelles[96]. Toutefois, une question importante taraudait l'esprit : comment les États africains allaient-ils concilier les réformes d'ajustement et les engagements de redressement pris dans le cadre du Programme prioritaire même avec un hypothétique soutien de la communauté internationale ? Cette question trouve sa réponse dans le bilan du PANUDERA.

Sous la houlette du SNU, les pays industrialisés s'étaient engagés à soutenir les pays africains dans la réalisation des engagements ci-dessus présentés, à travers le renforcement de leur coopération, et une augmentation substantielle de

---

[95] *Résolution adoptée sur le Rapport du Comité plénier ad hoc de la 13e session extraordinaire*, p.5.

[96] *Ibid.*, p.3.

leur appui. Pour ce faire, les mesures mélioratives suivantes étaient avancées :

L'amélioration de la qualité et des modalités de l'assistance extérieure et de la coopération en :

- faisant une plus large place à l'assistance aux programmes, dans le cadre des priorités des pays d'Afrique bénéficiaires, en vue de donner une indication à moyen terme de cette assistance ;
- modifiant les politiques d'achat et les procédures administratives afin d'améliorer la livraison des intrants de production ;
- décaissant plus rapidement les fonds ;
- accroissant l'élément de libéralité, en particulier, l'élément don de l'assistance au développement destinée aux pays africains, afin d'améliorer la qualité de l'aide fournie à ces pays ;
- accordant, lors de l'établissement et de l'exécution des programmes d'assistance, une attention particulière aux compétences, aux connaissances techniques, et à l'expérience autochtone, aux conditions locales, en particulier aux techniques et aux matériaux locaux, ainsi qu'à la formation du personnel local qualifié ;
- élaborant des méthodes de coordination plus efficaces et plus productives, afin d'accroître l'effet des politiques d'assistance ;
- renforçant l'effet de l'assistance technique, et en veillant à ce qu'elle soit mieux adaptée aux besoins et aux priorités des États africains[97].

L'Amélioration de la situation sur le plan externe à travers les mesures qui suivent :

- l'examen d'urgence des problèmes relatifs aux produits de base, compte tenu des intérêts particuliers des pays d'Afrique, dans le cadre d'une approche globale

---

[97] *Résolution adoptée sur le Rapport du Comité plénier ad hoc de la 13e session extraordinaire*, p.8.

comprenant des accords ou des arrangements de produits, et un système de financement compensatoire adéquat, et renforcer aussi la capacité des pays africains d'assurer la transformation, la commercialisation, la distribution et le transport de leurs produits destinés à l'exportation, et dans ce contexte, souligner la nécessité d'obtenir un nombre suffisant de ratifications de l'Accord portant création du fonds commun pour les produits de base, de façon que celui-ci puisse commencer à fonctionner rapidement ;

- l'élaboration et l'adoption des politiques qui favoriseraient une croissance soutenue, équitable, et non inflationniste de l'économie mondiale, y compris l'expansion des échanges commerciaux, notamment par l'élimination du protectionnisme, en particulier, les obstacles non tarifaires, conformément aux engagements existants ;
- l'adoption des mesures encourageantes les programmes africains d'exportation et de diversification, et la facilitation de l'accès aux marchés, en ce qui concerne particulièrement les produits tropicaux[98].

Le redressement économique et le problème de la dette à travers :

- l'encouragement de la coopération Sud-Sud ;
- l'intensification des mesures de réduction de la dette africaine.

Cette litanie de bonnes intentions suscite une autre interrogation : les pays industrialisés étaient-ils capables de mettre en veilleuse, même temporairement, leur obsession à récupérer à tout prix leur argent, pour consentir de nouveaux efforts financiers en faveur des États africains ? La réponse à cette question se trouve également dans le bilan de la mise en œuvre du PANUDERA.

---

[98] Ibid.

Esquisse de bilan de la mise en œuvre du PANUDERA par les États africains et les Nations-Unies

L'on ne saurait clore cette partie sans avoir fait une esquisse de bilan de l'application de cette initiative onusienne par les différentes parties prenantes. Pour ce faire, il faut se fier au rapport établi par le Secrétaire général de la CNUCED, à la demande de l'AG de l'ONU, par ses résolutions 43/27, du 18 novembre 1988, et 45/178 A, du 19 décembre 1990, instruisant un examen et une évaluation finals de l'exécution du PANUDERA. Ledit rapport dresse un bilan séparé des actions menées par les États africains, et de celles accomplies par le SNU et les autres partenaires extérieurs du continent africain.

En ce qui concerne les États africains, la plupart des réformes qu'ils avaient adoptées étaient conformes aux engagements pris dans le cadre des PAS, appuyés par le FMI et la Banque mondiale. Les efforts initialement entrepris dans ce sens portaient principalement sur la stabilisation macro-économique. Le rapport procédait à une évaluation des actions des États africains dans les domaines suivants : les taux de change, la politique budgétaire, l'inflation et les taux d'intérêt. Le rapport indiquait, en ce qui concerne la réforme des taux de change, que de nombreux États africains s'étaient attelés à dévaluer leurs monnaies qui, au demeurant, étaient surévaluées. Les cas de l'Ouganda et du Mozambique étaient cités en exemple. Entre 1987 et 1989, ces deux États avaient, grâce à une politique rigoureuse, ramené l'écart à 2,8 et 12 respectivement. Il convient de préciser qu'avant la mise en œuvre du PANUDERA, ces pays connaissaient une situation économique et financière critique (avec des rapports au taux du marché parallèle/taux de change officiel de 48,2 et de 327,4, respectivement), aggravée par des troubles civils qui y avaient cours[99].

D'autres États d'Afrique subsaharienne avaient également déployé des efforts énergiques pour améliorer et préserver la compétitivité de leur taux de change entre 1985 et 1989 (Ghana, Gambie, Nigeria, Ouganda). Pour les 22 pays bénéficiant du Programme spécial d'assistance[100], la dévaluation de la monnaie avait atteint 35 % entre 1981-1983 et 1987, et 10 % encore entre 1988 et 1989. En ce qui concerne la politique budgétaire, il ressort de ce rapport qu'au cours de la période concernée par le Programme, les pays africains avaient sensiblement amélioré leur gestion budgétaire, avec la limitation des dépenses publiques et un meilleur recouvrement des recettes. Le rapport médian des recettes publiques (y compris les dons) au PIB était passé de 22,4 % en 1986 à 23,8 % en 1989 pour les pays subsahariens, et de 17,8 % à 23,5 % pour ceux bénéficiant du PSA[101].

Cependant, si des États comme le Ghana, la Gambie, Madagascar, la Tanzanie et le Sénégal avaient sensiblement réduit leur déficit budgétaire, d'autres, à l'instar du Zaïre, Sao Tomé-et-Principe et le Mozambique avaient enregistré moins de succès. Bien plus, la réduction des dépenses budgétaires s'était faite au détriment des secteurs sociaux, entre autres, la santé et l'éducation. Concomitamment, aux efforts visant à limiter le déficit budgétaire, plusieurs États africains avaient pris des mesures pour rétablir les taux d'intérêt réels positifs en réduisant le taux d'inflation, d'une

---

[99] *Examen et évaluation finals du programme d'action des Nations Unies pour...*, p. 4.

[100] Il s'agit des pays suivants : Bénin, Burundi, Ghana, Guinée-Bissau, Kenya, Madagascar, Malawi, Mali, Mauritanie, Mozambique, Niger, Ouganda, RCA, Tanzanie, Sao Tomé-et-Principe, Sénégal, Somalie, Tchad, Togo, Zaïre, Zambie.

[101] *Examen et évaluation finals du programme d'action des Nations Unies pour...*, p.5.

part, et en relevant les taux d'intérêt nominaux, d'autre part. Il en avait résulté une très nette décélération de l'inflation dans nombre d'entre eux[102].

En plus de ces mesures macroéconomiques, d'autres mesures sectorielles concernant le commerce, les prix et la commercialisation des produits agricoles, l'industrie, la réforme de la fonction et du secteur public, la démographie, le rôle des femmes dans le développement avaient également été entreprises. D'une manière générale, et d'après les données fournies par la CEA, la croissance du PIB s'était accélérée pendant la période du programme. Le PIB régional, au coût des facteurs, avait progressé de 2,4 % en 1988, et 2,9 % en 1989, contre 0,4 % en 1987. Même si cela ne suffisait pas pour entraîner une augmentation substantielle des revenus par habitant, vu le rythme d'accroissement de la population, les taux enregistrés représentaient une nette amélioration par rapport au début de la décennie. La moyenne régionale avait été dépassée en Afrique de l'Est et en Afrique australe, ainsi qu'en Afrique de l'Ouest, tandis que la croissance était plus faible en Afrique centrale[103].

En Afrique de l'Ouest, la croissance globale avait été de 3 % en 1988, et 3,1 % en 1989. L'agriculture et les industries extractives en étaient les principaux moteurs la deuxième année. Les résultats variaient cependant selon les pays. En Afrique centrale par contre, le taux de croissance du PIB était variable (-1,5 % en 1987, 1,4 % en 1988, et 1,6 % en 1989), mais, d'une manière générale, faible[104]. En Afrique orientale et australe, en dépit des disparités selon

[102] Ibid.

[103] Il faut préciser qu'à l'intérieur de chacune de ces zones, le taux de croissance variait selon les pays. Pour plus de détails, lire, *Examen et évaluation finals du programme d'action des Nations Unies pour...*, pp.18-20.

[104] *Examen et évaluation finals du programme d'action des Nations Unies pour...*, pp.18-20.

les pays,[105] le PIB avait augmenté de 3,5 % en moyenne, pendant la période considérée, avec une progression plus forte en 1989. Ce résultat relativement bon était attribuable à une croissance dans le domaine de l'agriculture et de l'industrie manufacturière. Le tableau qui suit procède à un regroupement des pays africains d'après leur taux de croissance du PIB :

Tableau n° 1 : Répartition des pays africains d'après le taux de croissance du PIB, 1987-1989

Taux de croissance	1987	1988	1989
Négatif	15	8	4
0----3	13	18	15
3-----4	8	4	18
4 ou plus	14	20	13

Source : Commission économique des Nations Unies pour l'Afrique, Rapport économique sur l'Afrique, 1990, p.50. (E/ECA/CM.16/13).

Le tableau ci-dessus indique que le nombre d'États africains où le taux de croissance du PIB n'était pas négatif avait augmenté pendant la période considérée. Si 15 des 50 pays africains avaient enregistré un taux de croissance négative en 1987, ils n'étaient plus que 4 en 1989. De 1987 à 1989, le nombre de pays ayant un taux de croissance situé entre 0 et 4 % était passé de 21 à 33. Le fait que l'année 1988 ait été favorable au développement de l'agriculture avait contribué à porter à 20 le nombre de pays où le taux de croissance avait dépassé 4 %, alors qu'ils étaient seulement 14 en 1989. En 1989, toutefois, ce nombre était retombé à 13. Ces progrès apparents avaient cependant été fortement contrariés par les effets pervers des réformes d'ajustement structurel. C'est surtout l'infrastructure sociale, c'est-à-dire, les services de santé, d'enseignement, de transport et de communication qui faisaient le plus les frais de l'austérité budgétaire, élément fondamental de la

[105] Le Botswana et l'Ile Maurice sont souvent cités pour leur taux de croissance remarquable pendant cette période (13% pour le premier).

politique d'ajustement mise en œuvre. Dans de nombreux États, ces secteurs avaient même connu une régression considérable. Les niveaux d'instruction, de santé et de nutrition avaient diminué, et on avait assisté à une recrudescence des maladies comme le paludisme, sous des formes encore plus virulentes. Les routes n'étaient généralement plus entretenues, et les pouvoirs publics s'étaient quasiment désintéressés de celles qui devaient relier les bassins agricoles aux marchés, et aux sources d'approvisionnement.

Quant aux organismes du système des Nations unies, dès le lancement du PANUDERA, ceux-ci, et d'autres organismes internationaux, dont les ONG, avaient étroitement coopéré à son exécution. De nombreuses institutions avaient déclaré y consacrer d'importantes ressources. La contribution de la CNUCED, elle-même, avait fait l'objet d'un examen annuel par le Conseil du commerce et du développement[106].

À l'échelle onusienne, un Comité directeur des Nations unies pour la mise en œuvre du PANUDERA, institué par le SG de l'ONU, et présidé par le Directeur général au développement et à la coopération économique internationale, s'était employé à coordonner les efforts de mise en œuvre. Composé de représentants des organismes des Nations unies et de leurs principaux départements, des institutions spécialisées et des institutions financières multilatérales, il était appuyé par une équipe spéciale interorganisations présidée par le secrétaire exécutif de la CEA, et faisant office d'organe technique du Comité. Le

[106] Le dernier rapport (TD/B/1279), établissait pour la deuxième partie de la 37e session du Conseil, montre que d'importantes ressources (budgétaires et extrabudgétaires), avaient été affectées à l'exécution du Programme et que l'assistance technique à la région avait aussi augmenté.

Secrétariat de l'OUA participait aux réunions et travaillait en étroite collaboration avec le Comité directeur[107].

Outre la coordination, le Comité directeur contribuait à l'établissement des rapports du SG de l'ONU à l'AG, sur l'exécution du programme. Le secrétariat de la CNUCED participait pleinement aux travaux du Comité directeur et de l'Équipe spéciale interorganisations[108]. À ces initiatives onusiennes, le rapport qui nous sert de référence ajoute quelques initiatives internationales intervenues durant la période de mise en œuvre du PANUDERA. En plus de la batterie de mesures de traitement de la dette analysées dans les deux chapitres précédents, les initiatives suivantes y sont mentionnées :

- la création, en décembre 1987, du Programme spécial d'assistance (PSA) de la Banque mondiale. D'une durée initiale de 3 ans (1988-1990), il avait pour but d'aider à mobiliser et à coordonner une aide à versement rapide, et à favoriser l'allègement de la dette à des conditions libérales, afin de soutenir les efforts d'ajustement des pays à faible revenu d'Afrique subsaharienne qui croulaient sous le poids de la dette[109]. Le PSA prévoyait cinq sources de financement notamment, les prêts à l'ajustement de l'IDA, le cofinancement et le financement coordonné des donateurs bilatéraux et d'autres donateurs multilatéraux, les ressources provenant des remboursements à l'IDA pour alléger la dette contractée envers la BIRD, la FAS et la

[107] *Examen et évaluation finals du programme d'action des Nations Unies pour…*, p.60.

[108] Ibid.

[109] Les pays africains bénéficiaires du Programme spécial d'assistance sont les suivants : Bénin, Burundi, Gambie, Ghana, Guinée–Bissau, Kenya, Madagascar, Malawi, Mali, Mauritanie, Mozambique, Niger, Ouganda, RCA, Tanzanie, Sao Tomé-et-Principe, Sénégal, Somalie, Tchad, Togo, Zaïre et Zambie. Cf., *Examen et évaluation finals du programme d'action des Nations Unies pour…*, p.65.

FASR du FMI, et l'allègement de la dette à des conditions de faveur[110] :

- la création, en mars 1986, de la Facilité d'ajustement structurel du FMI (FAS) alimentée par des fonds issus des remboursements de prêts du Fonds fiduciaire, financé dans les années 1970 par des ventes d'or du FMI. L'année qui suivait, le FMI avait créé la Facilité d'ajustement structurel renforcé (FASR), alimentée par des contributions spéciales sous forme de prêts et de dons. Ces deux Facilités devaient servir à financer des crédits à des conditions libérales, destinés à soutenir les efforts d'ajustement macro-économique et structurel à moyen terme des pays à faible revenu en proie à des difficultés persistantes de balance de paiements[111];

---

[110] D'après les estimations, les engagements de l'IDA au titre des prêts à l'ajustement aux pays bénéficiant du PSA ont représenté en moyenne 900 milliards de dollars par an dans le cadre de la 8e opération de reconstitution. Pour le cofinancement, 18 donateurs ont annoncé des contributions d'un montant total de 5,8 milliards de dollars au titre du PSA, dont 4,8 milliards alloués officiellement et 1 milliard alloué non officiellement. Pendant les deux premières années du PSA, les décaissements effectués par les donateurs ont totalisé 2,7 milliards de dollars. 10 % des remboursements à l'IDA et du revenu des placements ont été affectés au programme lancé par la Banque mondiale en septembre 1988 pour alléger le poids de la dette contractée envers la BIRD par les pays ne pouvant bénéficier que de crédits de l'IDA. Pour soutenir ce programme, la Norvège et la Suède ont également mis des fonds à la disposition de quatre pays africains pour les aider à assurer le service de leur dette envers la BIRD. Au 30 juin 1990, huit pays africains admissibles, bénéficiant tous du PSA, avaient reçu des crédits supplémentaires d'un montant de 159 millions de dollars. Pour plus de détails, voir, CEA, Rapport économique sur l'Afrique 1990 (E/ECA/CM.16/13), Addis-Abeba, avril 1990, p.14.

[111] À la fin de juillet 1990, le montant des engagements en faveur des pays africains au titre de la FAS s'élevait à 999 millions de DTS (environ 55 % du total des engagements au titre de cette facilité), dont 961 millions avaient été versés (environ 60 % du total des versements). Les engagements au titre de la FASR s'élevaient, quant à eux, à 1 319 millions de DTS (86 % au total des engagements au titre de cette

- la signature, en 1990, de la quatrième convention de Lomé par la Communauté économique européenne et les 68 pays d'Afrique, des Caraïbes et du pacifique (ACP dont 42 pays africains). Elle prévoyait une aide financière beaucoup plus importante que celle qui avait été accordée dans le cadre de la troisième convention ;

- la tenue, à Paris, de la deuxième conférence des Nations Unies sur les pays moins avancés (PMA), en septembre 1990. Elle avait ouvert la voie à une augmentation de l'aide financière extérieure aux PMA d'Afrique. Le programme d'action pour les années 1990 en faveur des PMA et la déclaration de politique qui l'accompagnait témoignaient d'un consensus apparent entre les PMA et leurs partenaires de développement ;

- la neuvième opération de reconstitution des ressources de l'IDA pour la période triennale 1991-1993 (novembre 1989). Le montant convenu, qui équivalait à 15,5 milliards de dollars, était supérieur de 12 % à celui de la huitième reconstitution, même si, en valeur réelle, les contributions restaient inchangées[112].

En dépit de ces quelques efforts et initiatives allant dans le sens d'une mobilisation des ressources supplémentaires, les apports nets des ressources financières à l'Afrique en valeur réelle avaient fortement diminué au cours de la période 1986-1989. De même, l'endettement des pays africains constituait un obstacle majeur aux efforts de redressement et de développement. Au cours de la période considérée, la situation de la dette n'avait montré aucun signe d'amélioration, malgré les multiples initiatives prises dans ce domaine. Nonobstant les variations intermittentes

---

facilité), dont 724 millions avaient été versés (87 % du total des versements. Pour plus de détails, lire, *Examen et évaluation finals du programme d'action des Nations Unies pour...*, p.43.

[112] *Examen et évaluation finals du programme d'action des Nations Unies pour...*, p.44.

des prix de certaines matières premières[113], ceux-ci étaient loin d'avoir retrouvé leur niveau des années 1970. Il ressort globalement du rapport d'évaluation que les seuls engagements qui avaient été tenus par les États africains concernaient les réformes d'ajustement structurel.

De même, si soutien international, il y avait, celui-ci visait uniquement à encourager les pays africains à procéder aux réformes susceptibles de leur rendre la solvabilité perdue. Pourtant, l'expérience africaine des PAS a montré que l'austérité budgétaire, pierre angulaire des réformes d'ajustement, était quasi incompatible avec toute politique d'investissement dans la transformation structurelle de l'économie, condition *sine qua non du* développement. Les fonds dégagés étant prioritairement affectés au remboursement de la dette, les mesures de redressement des secteurs agricoles et connexes, tout comme ceux des infrastructures et des ressources humaines contenues dans le Programme prioritaire étaient donc irréalistes et irréalisables dans le contexte d'ajustement qui prévalait. *Idem* pour le coût financier qui ne pouvait être supporté, ni par des États africains empêtrés dans un marasme financier et pressés de rembourser la dette, ni par des bailleurs de fonds, plus préoccupés de se faire rembourser, que de mobiliser de nouveaux financements en faveur des États africains insolvables.

Fort de tout cela, la situation économique globale de l'Afrique subsaharienne tout au long des années 1980 ne s'était guère améliorée. Elle avait continué d'être marquée par une faible croissance du secteur agricole, une diminution de la production industrielle, un endettement croissant, et une détérioration des indicateurs sociaux. Preuve que les problèmes qui avaient suscité le PANUDERA n'avaient pas été substantiellement résolus. Les solutions mises en œuvre par les parties prenantes au

[113] Pour plus de détails sur les variations des prix de base, voir Annexe.

Programme mettaient davantage l'accent sur l'ajustement, en lieu et place de véritables actions de redressement et de relance économique. Même face à cette impasse, l'ONU ne lâchait pas prise. Tel un père infatigable qui s'investit sans relâche dans la réussite de ses enfants, malgré leurs échecs répétitifs, elle allait encore concocter de nouvelles formules à proposer au continent africain.

CHAPITRE 4 : Le Nouvel ordre du Jour des Nations unies pour le Développement de l'Afrique (1991), et l'Initiative Spéciale des Nations unies pour l'Afrique (1996)

En décembre 1991, et en mars 1996, l'ONU lançait, à nouveau, deux initiatives complémentaires destinées à promouvoir le développement de l'Afrique : le Nouvel ordre du jour des Nations Unies pour le développement de l'Afrique dans les années 1990 (UN-NADAF), et l'initiative spéciale sur l'Afrique (UNSIA). Si la première fixait un cadre politique global visant à remobiliser le soutien de la communauté internationale en faveur de la cause africaine, la seconde en constituait le mécanisme principal d'opérationnalisation. Elle était susceptible de créer une valeur ajoutée grâce aux synergies suscitées à l'échelle du SNU, favorisant la prise en charge et l'engagement au niveau national. Elle était donc censée offrir une base plus solide pour la mobilisation des ressources. Une telle complémentarité commande une présentation jumelée de ces deux programmes.

Le Nouvel Ordre du jour des Nations Unies pour le développement de l'Afrique (UN-NADAF, 1991) : présentation et objectifs

Le programme des Nations unies intitulé, "Nouvel Ordre du jour pour l'Afrique", avait été mis sur pied pour donner suite à la décision de l'Assemblée générale d'accorder la priorité absolue à la relance du développement économique et au développement durable de l'Afrique. Il devait être le moteur de la coordination et de la promotion des actions menées par les autres programmes et entités directement responsables de la mise en œuvre opérationnelle des activités de l'ONU[114]. L'un des objectifs visés par cette initiative était d'assurer la coordination et l'efficacité des politiques opérationnelles des activités menées par le SNU, à l'appui du développement de l'Afrique. En tant que responsable de la coordination, le Bureau du Coordonnateur spécial pour l'Afrique et les PMA appuyait l'organisation des réunions des organismes intergouvernementaux qui s'investissent dans le développement de l'Afrique, en coordonnant les activités des différents organes du système des Nations unies[115]. En 1992, l'ONU avait mis sur pied un groupe d'éminentes personnalités sur le développement de l'Afrique, afin de prodiguer des conseils au SG d'alors, l'Égyptien Boutros Boutros Ghali, notamment, la mise en œuvre du NADAF. La réflexion engagée et menée par celui-ci avait abouti à l'initiative spéciale des Nations Unies pour l'Afrique (UNSIA, 1996).

L'initiative spéciale des Nations Unies pour l'Afrique (UNSIA, 1996) : présentation et composantes

C'est le 15 mars 1996 que l'ONU mit sur pied une initiative spéciale sur l'Afrique (UNSIA). Il est difficile de ne pas voir en elle, le fruit de la poursuite par le nouveau SG de l'ONU d'alors, le Ghanéen Koffi Atta Annan, du *lobbying* entrepris par son prédécesseur, l'Égyptien Boutros Boutros Ghali, dans le sens de l'intéressement des pays industrialisés d'Occident au marasme économique de leur continent d'origine. La tenue de la toute première réunion du conseil de sécurité consacrée à l'Afrique au niveau ministériel en constituait, à n'en point douter, la prémisse,

---

[114] E/AC.51/2002/8, *Initiative spéciale du système des Nations Unies pour l'Afrique dans le cadre de l'examen final du Nouvel Ordre du jour des Nations Unies pour le développement de l'Afrique dans les années 90*, Rapport du Secrétaire général, Nations-Unies, Conseil économique et social, 2002, p.9.

[115] *Initiative spéciale du système des Nations Unies pour l'Afrique dans le cadre de l'examen,* p.9.

et le signe d'un regain d'intérêt pour la cause du développement de ce continent. Il n'est pas sans intérêt de se pencher non seulement sur les raisons qui justifiaient le lancement de l'UNSIA, mais aussi, sur ses différentes composantes et les actions menées en Afrique dans son sillage.

Programme décennal, l'UNSIA était constituée de mesures et d'actions destinées à accélérer le développement de l'Afrique dans des domaines prioritaires préalablement désignés par les États africains, conformément aux recommandations des « Assises de l'Afrique », tenues à Paris, du 06 au 10 février 1995, sous les auspices de l'UNESCO[116]. Comme il a été indiqué dans la partie précédente, l'UNSIA était la traduction opérationnelle du UN-NADAF. Elle avait été conçue de manière à maximiser l'impact de l'aide du SNU, y compris celle des institutions de *Bretton Woods*, à travers une coordination plus efficace au niveau du siège de l'ONU et dans les pays receveurs. Pour ce faire, un comité de coordination (CAC) regroupant tous les chefs d'agences onusiennes avait été créé. Il comprenait un Comité d'organisation de l'Initiative, présidé par James Gustave Speth, administrateur du PNUD, et Kinsley Amoako, Secrétaire exécutif de la Commission économique des Nations unies pour l'Afrique (CEA)[117].

Rassemblant toutes les agences onusiennes, y compris le FMI et la Banque mondiale dans une sorte de collaboration interinstitutionnelle, l'UNSIA constituait désormais la cheville ouvrière de la mise en œuvre de l'UN-NADAF, selon les termes d'une résolution de l'AG de l'ONU de

---

116 N.K. Bentsi-Enchill, "L'Initiative spéciale relève les défis de l'Afrique avec une nouvelle vigueur", in *Afrique Relance*, Vol.11, n°4, Nations-Unies, mars 1998, p.7.

117 Ibid., p.7.

décembre 1997[118]. Il leur incombait, individuellement ou collectivement, la responsabilité de mobiliser des ressources, et de coordonner la mise en œuvre de chaque action prévue dans le programme. Les Agences-chefs de file devaient se charger de veiller sur la progression de chaque action, tandis que les gouvernements africains allaient superviser la réalisation de ces actions sur le plan local.

Une des publications phares du Centre d'information des Nations unies consacrées aux activités onusiennes sur le continent africain, notamment *Afrique Relance*, aujourd'hui *Afrique Renouveau*, indique que le lancement de l'UNSIA participait de deux principales motivations :

- rationaliser l'assistance apportée à l'Afrique par le SNU, y compris le FMI et la Banque mondiale, c'est-à-dire, coordonner avec efficacité, agir avec synergie, saisir les occasions d'un partenariat authentique, et renforcer les capacités à tous les niveaux. Pour tout dire, comme le prescrit la Charte de l'ONU, "Unir les forces";
- favoriser des stratégies d'inspiration nationale, c'est-à-dire, aider l'Afrique à se prendre en main[119].

D'une manière générale, l'UNSIA avait ciblé comme secteurs prioritaires de son action, l'éducation, les technologies de l'information et la gouvernance.

La composante éducation du programme s'attaquait à l'éducation de base. Il s'agissait de relever les taux de scolarisation de certains pays. 15 États dont les taux d'inscription à ce niveau d'enseignement étaient inférieurs à 50 % avaient été pris pour cible : Angola, Burkina Faso, Tchad, Djibouti, l'Érythrée, l'Éthiopie, Guinée Conakry, Guinée-Bissau, Liberia, Mali, Mozambique, Niger,

---

[118] Koffi Annan, "L'Initiative doit réussir", in *Afrique Relance*, Vol.11, n°4, Nations-Unies, mars 1998, p.3.

[119] K.Y. Amoako, "L'initiative : une occasion pour l'Afrique", in *Afrique Relance*, Vol.11, n°4, Nations-Unies, mars 1998, p.4.

Rwanda, Sénégal et Somalie. Dans ces États, si le taux d'inscription des garçons variait entre 23 et 49 %, celui des filles, par contre, oscillait entre 13 et 31 % seulement[120].

L'objectif de l'initiative était donc d'identifier les principaux obstacles au développement de l'enseignement primaire dans ces pays respectifs. Les agences onusiennes en charge de la composante éducation dans l'initiative étaient l'UNESCO, le PNUD et l'UNICEF. Les États africains concernés devaient élaborer des programmes d'investissement sectoriel (PIS). En 1997, l'Éthiopie, le Sénégal, le Zimbabwe et le Burkina Faso l'avaient déjà fait. Pour soutenir la formulation des PIS par les États africains, la Norvège avait, par exemple, créé un fonds fiduciaire spécial de 7 millions de dollars. Il en avait été de même pour le PNUD et la Banque mondiale[121].

L'engagement des Nations unies en faveur de l'éducation de base en Afrique subsaharienne n'était pas anodin. L'éducation, plus particulièrement l'éducation de base, bénéficiait également du statut de panacée pour le développement de ce continent. Cette idée faisait alors l'objet d'un consensus international. Ainsi, du 5 au 9 mars 1990, l'UNESCO, l'UNICEF, la Banque mondiale et le PNUD avaient organisé, à Jomtien, près de Bangkok en Thaïlande, la Conférence mondiale sur l'éducation pour tous. Cette conférence avait pris bonne note de ce que l'instruction assure un monde plus sûr, en meilleure santé, plus prospère et respectueux de l'environnement, tout en contribuant simultanément au progrès social, économique et culturel, à la tolérance et à la coopération internationale. De ce paradigme, les congressistes convenaient que tout enfant de la planète peut accéder à l'enseignement primaire

---

120 M.A. Novicki, "Promouvoir l'éducation de base", in *Afrique Relance*, Vol.11, n°4, Nations Unies, mars 1998, p.10.

121 Ibid., p.12.

à l'horizon 2000[122]. Frederico Mayor, alors SG de l'UNESCO, expliquait le bien-fondé d'un tel engagement par ces propos :

> Le niveau d'instruction de l'ensemble de la population d'un pays… détermine la capacité de ce pays à prendre part au développement du monde…, à bénéficier des avancées de la connaissance et à les faire progresser lui-même en contribuant ainsi à l'instruction des autres. Cette vérité coule de source et n'est plus controversée[123].

Cette ode à l'instruction primaire ne se limitait pas à cette déclaration. En 1996, la Commission internationale de l'UNESCO sur l'éducation pour tous publiait à son tour un rapport intitulé : *L'éducation, un trésor est caché dedans*[124]. La conclusion de ce rapport était édifiante : certes, l'instruction n'y est pas élevée par ses membres au rang de remède miracle du développement, mais ils la considèrent tout de même comme l'un des principaux moyens susceptibles de promouvoir un développement humain complet et harmonieux, et réduire ainsi la misère, l'exclusion, l'ignorance, l'oppression et la guerre.

De même, en 1997, la Banque mondiale notait dans son rapport sur le développement du monde que : ″nombreux sont ceux qui attribuent une bonne part du succès des pays d'Asie à leur inébranlable attachement au financement public de l'éducation de base, considérée comme la pierre angulaire du développement″[125]. Un économiste de cette institution financière internationale devait d'ailleurs résumer cette croyance largement partagée en ces termes :

---

[122] D'après le Bulletin, *The major project in the field of education in Latin America and the Caribbean*, 1990, p.9., cité par Easterly, *Les pays pauvres…*, p.94.

[123] Ibid.

[124] Elle était présidée par J. Delors, ancien président de la Commission européenne.

[125] Banque mondiale, *Rapport sur le développement dans le monde,* 1997, p.52.

"l'instruction et la formation, bien qu'elles soient souvent négligées, contribuent de manière directe à la croissance économique à travers leurs effets sur la productivité, les profits, la mobilité du travail, l'apprentissage du sens des affaires et l'innovation technologique".[126]

En écho à cette litanie méliorative concernant l'instruction, les Nations unies et les États africains s'étaient engagés avec plus ou moins de bonheur[127], dans la promotion de cet ordre d'enseignement, à travers l'objectif administratif de relèvement des taux d'inscription, et la construction des écoles primaires. Certes, aucun pays au monde n'est parvenu à se développer avec une population complètement illettrée, mais la question de l'enseignement en Afrique subsaharienne est moins d'ordre quantitative, que qualitative, en termes de contenu.

L'autre composante du programme était la bonne gouvernance. Ce volet de l'UNSIA découlait du constat selon lequel la mauvaise gouvernance faisait payer un lourd tribut à de nombreux pays d'Afrique subsaharienne. Il était conforme à la croyance du SG de l'ONU, Koffi Annan, selon laquelle, la paix, la démocratie, les droits de l'homme et le développement durable constituaient les principaux piliers de la bonne gouvernance. Aussi se concentrait-elle sur trois secteurs :

- l'expansion des capacités de transparence, de responsabilité et d'efficacité ;
- le renforcement du rôle de la société civile dans le développement, y compris dans celui de l'édification de la paix ;

---

[126] A. Verspoor, "Educational development : priorities for the nineties", in *Finance and Development*, n°23, mars 1990, p.21., cité par Easterly, *Les pays pauvres…*, p.95.

[127] Globalement, l'objectif de l'éducation pour tous n'avait pas été atteint jusqu'au début des années 2000. D'où sa reconduction dans les objectifs du millénaire pour le développement.

- la consolidation de la capacité de l'OUA à intervenir dans les processus de résolution des conflits et de réconciliation nationale[128]. Le PNUD et la CEA, Agences onusiennes chargées de piloter cette composante, devaient donc générer davantage de ressources, et mieux coordonner l'aide onusienne, ainsi que celle provenant d'autres bailleurs internationaux, afin de mettre sur pied des programmes de bonne gouvernance en Afrique.

Dans le cadre de sa contribution à l'Initiative spéciale, le Bureau régional pour l'Afrique du PNUD avait mis au point l'Initiative spéciale en faveur de la gouvernance en Afrique, afin d'améliorer l'efficacité de la conduite des affaires publiques sur l'ensemble du continent en s'attaquant à cinq domaines : le renforcement de l'esprit d'initiative, la transparence et la mise en jeu de la responsabilité, le renforcement des capacités d'intervention de la société civile, la transition politique, la paix et la stabilité. Selon cette institution, en améliorant la gouvernance, il est également possible d'améliorer l'image du continent, et de contribuer par là même à encourager les partisans de l'aide au développement de l'Afrique dans les pays donateurs.

Lors du premier Forum africain sur la gouvernance qui s'était tenu à Addis-Abeba, la capitale éthiopienne, les 11 et 12 juillet 1997, Kinsley Amoako, Secrétaire exécutif de la CEA, résumait ainsi la philosophie : "en Afrique, comme c'est le cas dans d'autres parties du monde, la bonne gouvernance favorise le progrès social et économique, qui contribue lui-même à alimenter la bonne gouvernance". Coparrainé par le PNUD et la CEA, le Forum avait pour cadre l'Initiative spéciale du système des Nations Unies pour l'Afrique et devait, on l'espérait, avoir lieu chaque année. La rencontre devait fournir l'occasion aux États africains d'engager le dialogue avec leurs partenaires

[128] E. Harsch, "Priorité à la bonne gouvernance", in *Afrique Relance*, Vol.11, n°4, Nations Unies, mars 1998, p.16.

internationaux sur les incidences des efforts entrepris à l'échelon national sur l'état de la gouvernance sur le continent.

Ainsi, au cours dudit Forum, des sessions avaient été consacrées à l'examen des programmes et expériences de bonne gouvernance des 14 États africains : Afrique du Sud, Botswana, Cameroun, Ghana, Éthiopie, Maurice, Madagascar, Ouganda, Malawi, Mali, Mozambique, Sénégal, Swaziland et Togo. Vingt-deux autres États y étaient présents en qualité d'observateur[129]. Le Mali, l'Ouganda et l'Afrique du Sud mettaient l'accent sur la décentralisation, tandis que l'Éthiopie et le Mozambique attiraient l'attention sur la réforme électorale et parlementaire. Le Botswana, le Malawi et Madagascar évoquaient, quant à eux, diverses questions relatives à la réforme constitutionnelle et judiciaire et aux droits de l'homme. Le Sénégal, le Cameroun, Maurice et le Togo avaient abordé la gestion socioéconomique et l'administration publique, tandis que le Ghana et le Swaziland avaient mis en évidence la responsabilisation et la participation[130].

Toujours dans le cadre de la composante gouvernance, l'UNESCO avait joué un rôle de pilote dans un projet de communication pour l'édification de la paix, avec pour objectif de se servir des moyens de communication divers pour diffuser une information et une éducation pertinentes, car un accès amélioré à l'information et une meilleure communication entre les différents segments de la population sont vitaux pour l'édification d'une culture de la paix en Afrique[131]. Il s'agissait d'un projet de 8 millions de dollars, étalé sur cinq ans, et initialement centré sur une

---

[129] Harsch, "Priorité à la bonne gouvernance", p.17.

[130] M.A. Novicki, "Bonne gouvernance, clé du progrès", in *Afrique Relance*, Vol.11, n°4, Nations Unies, mars 1998, p.15.

[131] Harsch, up cite, p.19.

douzaine de pays africains qui étaient, soit en conflit, soit en situation de reconstruction post-conflit.

À la réalité, que les Nations unies inscrivent, la promotion de la bonne gouvernance au cœur de leur initiative pour l'Afrique ne relevait aucunement d'un hasard. Depuis la fin des années 1980, la bonne gouvernance constituait l'un des élixirs que la communauté internationale occidentale avait prescrit à la crise africaine. La publication, en 1981, d'un rapport commandé par la Banque mondiale intitulé *L'Afrique subsaharienne : de la crise à une croissance. Étude de prospective à long terme*, constitue sans doute le fondement de l'intrusion de ce concept sur le continent africain. Dans cette étude également appelée, "Rapport Berg", la situation en Afrique était qualifiée de *"crisis in governance"*. L'auteur partait du constat que les PAS, mis en place en Afrique depuis les années 1980 par le FMI, n'avaient pas réussi à remettre le continent sur la rampe du développement, malgré la libéralisation des marchés qu'ils avaient occasionnée[132]. Ce rapport postulait que les raisons de la stagnation de l'économie africaine étaient à rechercher dans la corruption, le clientélisme politique, l'illégitimité des régimes en place, le mauvais fonctionnement des administrations et le laxisme dans la gestion des affaires publiques. En un mot, dans la mauvaise gouvernance qui prévalait sur le continent[133]. Ainsi, la généralisation de la corruption, la mauvaise gestion des ressources publiques, les conflits armés ou les guerres civiles, l'exclusion fondée sur la race, l'ethnie, la religion et l'obédience politique constituaient autant de symptômes de ce déficit de gouvernance.

[132] Cité par M. Ndiaye, "E-gouvernance et démocratie en Afrique : le Sénégal dans la mondialisation des pratiques", Thèse pour le Doctorat en Sciences de l'Information et de la Communication, Université de Bordeaux 3, novembre 2006, p.55.

[133] Ibid.

De même, dans les pays en proie à une mauvaise gouvernance accrue, le processus électoral se trouvait souvent dans l'impasse. Les magistrats étant corrompus, les violations des droits de l'homme étaient érigées en norme[134]. Sur le plan économique, la désertion des investisseurs étrangers se justifiait par le fait que l'environnement des affaires était malsain et présentait trop de risques, les privatisations et les réformes économiques étaient mal engagées, et le capital humain était mal formé et mal utilisé. Face à une telle situation, et dans le besoin d'agir en urgence, la Banque mondiale avait utilisé de manière normative et prescriptive, le concept de bonne gouvernance pour désigner l'ensemble des institutions et pratiques politiques dont la mise en œuvre était nécessaire au développement de l'Afrique[135].

Avec la magie du discours, elle avait également réussi à entraîner dans son sillage, tous les pays donateurs, les institutions financières internationales, et les agences d'aide et de coopération. Pour Marie-Claude Smouts, la bonne gouvernance implique :

> Que la sécurité des citoyens soit assurée et que le respect de la loi soit garanti, notamment par l'indépendance des magistrats : c'est l'État de droit ;

---

[134] Ibid.

[135] Le cadre ″normatif″ de la Banque mondiale repose sur trois concepts, notamment, les opportunités, l'habilitation (ou la délégation de pouvoir, (*empowerment*), et la sécurité. Le premier renvoie au fonctionnement de l'économie et aux réformes à réaliser pour que les pauvres puissent profiter des ″ opportunités économiques ″. Le deuxième terme, *empowerment,* est plutôt à relier avec ce que le PNUD entend par ″gouvernance″. La ″sécurité″, enfin, recouvre les mesures et politiques sociales visant à permettre une meilleure gestion des risques pour les populations pauvres. Pour plus de détails, lire, E. Benicourt, ″La pauvreté selon le PNUD et la Banque mondiale″, in *Études rurales,* 2001, mis en ligne le 09 mars 2006, consulté le 03 janvier 2016, à l'URL : http://etudesrurales.revues.org/68.

> Que les organismes publics gèrent de façon correcte et équitable les dépenses publiques : c'est la bonne administration ;
> Que les dirigeants politiques rendent compte de leurs actions devant la population, c'est la responsabilité et l'imputabilité (*accountability*) ;
> Que l'information soit disponible et facilement accessible à tous les citoyens : c'est la transparence[136].

Dorénavant, pour pouvoir prétendre à une aide ou un prêt quelconque, les régimes politiques africains devaient satisfaire aux exigences de la bonne gouvernance, ainsi qu'à celle du pluralisme politique. Le renforcement du secteur de la santé de l'initiative prônait les soins médicaux primaires et préventifs. Partant du constat, selon lequel les carences sanitaires africaines constituaient un obstacle majeur au développement du continent, elle prônait une approche multisectorielle pour parvenir à un renforcement des systèmes sanitaires comme moyen de lutte contre les fléaux qui affligeaient la région. L'objectif global était d'étendre les services sanitaires de base en mettant l'accent sur la lutte contre les maladies qui font le plus de ravages (paludisme, MST, tuberculose) et des principales maladies infantiles[137]. Les agences coordonnatrices de la composante santé étaient l'OMS, la Banque mondiale et l'UNICEF. Leurs actions concertées devaient concourir à aider les gouvernements africains à mobiliser les ressources nécessaires à la mise en place des réformes du secteur de la santé pendant les dix années couvrant l'initiative. Selon les estimations, dans de nombreux États africains, plus de 50 % de la population n'avait pas accès

---

[136] M.-C. Smouts, "Du bon usage de la gouvernance en relations internationales", in *Revue internationale de sciences sociales, RISS,* n° 155, mars 1998, p.88.

[137] J. Nyamu, "Renforcer le secteur de la santé", in *Afrique Relance*, Vol.11, n°4, Nations Unies, mars 1998, p.20.

aux services sanitaires, et 51 % n'avaient pas accès à l'eau potable. Le Bénin, l'Éthiopie, le Ghana, la Guinée-Bissau, le Lesotho, le Mali, la Mauritanie, Maurice, le Mozambique, le Niger, l'Ouganda, le Sénégal, la Tanzanie, la Zambie et le Zimbabwe exécutaient des programmes d'investissements sectoriels parrainés par la Banque mondiale[138].

Les questions démographiques et de genre n'étaient pas en reste dans l'UNSIA. Le FUNUAP, bras séculier des Nations Unies sur les questions démographiques, devait venir en aide aux États africains pour l'atteinte des objectifs fixés par la Conférence internationale sur la population et le développement (CIPD), organisée au Caire en 1994. Parmi ceux-ci, figurait en première ligne la vulgarisation des services d'hygiène sexuelle. Dix-neuf États africains avaient adopté un ensemble de mesures démographiques : Botswana, Côte-d'Ivoire, Mozambique, Togo, Zimbabwe, Namibie, etc.).

Le FUNUAP devait aussi aider différents États à réunir des données détaillées par sexe, destinées à faciliter les opérations de planification, de contrôle et d'évaluation, conformément à la déclaration de Nafis Sadik, Directrice exécutive de cette institution, selon laquelle « les questions démographiques impliquent bien davantage que de simples chiffres. Elles exigent une planification pour la population existante et pour celle à venir, car il nous faut prévoir ses besoins en matière de santé, et dans tous les secteurs du développement »[139]. Ainsi, plusieurs gouvernements avaient bénéficié de son assistance dans la mobilisation des ressources nécessaires à l'organisation d'un recensement de leurs populations respectives (Cameroun, Malawi, Érythrée, Mozambique, Mali et Tanzanie), à l'organisation

---

[138] Nyamu, "Renforcer le secteur de la santé", p.21.

[139] N. Sadik, "La population joue un rôle central", in *Afrique Relance*, Vol.11, n°4, Nations Unies, mars 1998, p.25.

des enquêtes de santé démographiques (Botswana, Cap-Vert, Tchad, Érythrée, Sénégal, Cameroun), et à la création d'une base de données pour les indicateurs sociaux majeurs[140]. En effet, depuis la conférence sur la population tenue à Bucarest, en 1974, les pays industrialisés d'Occident n'avaient cessé de proposer aux États africains le contrôle et la maîtrise de leur croissance démographique, comme panacées à leurs problèmes de développement. Si l'idée fermentait depuis le milieu des années 1960, la conférence de Bucarest n'était que l'aboutissement d'un processus marqué par une grande polémique[141]. Les précédentes rencontres internationales s'étaient penchées,

---

[140] Sadik, "La population joue un rôle central", p.25.

[141] Le consensus du Caire tranchait avec les précédents Sommets de Bucarest de 1974 et de Mexico de 1984, sur la population, au cours desquels les pays industrialisés s'étaient bruyamment affrontés avec certains pays en développement parmi lesquels, des pays africains, sur la question de la régulation des naissances par les seconds. Deux grandes tendances s'étaient en fait affrontées à Bucarest. En effet, pour les pays industrialisés du bloc occidental, l'explosion démographique est la cause du maintien des pays du Tiers Monde dans le sous-développement et ceux-ci, particulièrement dans le continent africain, devraient, par le biais des programmes de planification familiale, réduire le niveau de leur fécondité pour résoudre les difficultés économiques et sortir ainsi petit à petit du sous-développement. En revanche, la plupart des pays du Tiers Monde, appuyés par ceux du bloc socialiste, ont non seulement soutenu qu'il ne se posait pas chez eux de problèmes de population, compte tenu de la faiblesse de leurs effectifs par rapport aux terres disponibles et que, dans tous les cas, le développement socio-économique est le meilleur contraceptif, mais ont également dénoncé l'injustice au niveau mondial. Pour eux, la cause fondamentale de la crise que connaissait le monde était à rechercher dans la surconsommation, et donc le gaspillage des ressources, aussi bien des ménages que des industries dans les pays riches ; modèle de consommation qui est la cause de l'iniquité dans les relations économiques internationales. Pour plus de détails, lire, Mpembele Sala-Diakanda, "De Bucarest à Mexico : évolution des positions africaines en matière de population", in *Cahiers des Sciences Humaines*, n°24, 1988, pp.173-184.

avant tout, sur le contrôle des naissances dans les PED, par le biais du *planning* familial. La CIPD, quant à elle, en avait élargi la portée des discussions stratégiques. De telle sorte que, le Programme d'action du Caire (PdA) comprenait 200 recommandations étalées sur 20 ans, dans les secteurs de la santé, du développement, et du bien-être social[142]. Un large consensus international s'était enfin dégagé sur l'idée selon laquelle les problèmes démographiques ne pouvaient être abordés qu'en tant que partie intégrante du développement. Selon le PdA, il fallait prendre des mesures ambitieuses pour impulser le développement et accorder davantage d'intérêt aux questions démographiques, en affectant par exemple des ressources plus importantes à la planification familiale. Le coût annuel des programmes démographiques retenus par la conférence était censé s'élever à environ 17 milliards de dollars jusqu'en l'an 2000[143]. L'autre élément nouveau résidait dans la priorité donnée par le PdA, à la condition féminine, en lui attribuant un rôle, et en prévoyant un train de mesures sur la santé et la reproduction. L'inscription des questions démographiques à l'ordre du jour de l'initiative onusienne ne pouvait donc trouver une meilleure explication.

Le volet télécommunications de l'UNSIA n'était pas moins capital aussi. Il était fondé sur l'objectif stratégique de donner à l'Afrique un meilleur accès aux technologies de l'information et des communications[144]. L'UNSIA entendait par exemple intensifier la connexion du continent à Internet, car en 1993, seuls quatre pays d'Afrique étaient connectés à ce réseau.[145] L'un des événements ayant

---

142 E. Harsch, "Population : vers une entente globale", in *Afrique Relance*, Vol.8, n°3, Nations Unies, décembre 1994, p.6.

143 Ibid.

144 K. Blackman, "Pour une société de l'information", in *Afrique Relance*, Vol.11, n°4, Nations unies, mars 1998, p.27.

145 P. Mwana, "L'Afrique se branche sur Internet", in *Afrique Relance*, Vol.11, n°4, Nations unies, mars 1998, p.26.

catalysé le raccordement de l'Afrique à Internet était la conférence des ministres africains en charge du développement économique et social et de la planification, tenue en mai 1996, sous l'égide de la CEA. Les participants y avaient jeté les bases de la création d'une société d'information africaine (AISI) avec le soutien de la CEA, de l'UNESCO de l'Union internationale des télécommunications (UIT), et du Centre canadien de recherche pour le développement international (IDRC)[146]. Par la suite, il y eut l'Initiative pour un réseau africain (ANI), dédiée aux activités de renforcement des futures structures de l'information. Elle avait recensé un grand nombre de projets, dont une cinquantaine en 1998. Les plus importants étaient :

- l'initiative internet pour l'Afrique, lancée par le Bureau africain du PNUD, évaluée à 6 milliards de dollars, avec pour but de faciliter le raccordement à Internet dans 12 pays ;
- le projet *Africa Link* de l'*Agency for International Developement* des États-Unis, qui devait payer à des fournisseurs locaux de messageries électroniques, les frais d'équipement, de formation, et une partie des frais de communication pour connecter une centaine d'institutions ;
- le projet Mercure du PNUD, consacré aux questions environnementales, et destiné à établir un réseau d'échange d'informations sur l'environnement en Afrique ;
- l'initiative *Trade Points*, lancée par la CNUCED, pour mettre au point des réseaux assurant l'efficacité du commerce[147]. Grâce à ces multiples initiatives, à la fin des années 1990, la plupart des États africains disposaient d'un accès à internet. Sous une forme ou une autre, les capitales de 44 d'entre eux bénéficiaient d'un accès à ce réseau, 9 pays avaient des fournisseurs locaux de services internet

[146] Mwana, "L'Afrique se branche sur internet", p.26
[147] Ibid.

dans certaines villes secondaires, et 8 disposaient dans un groupe de 14 pays, d'un accès local temporaire par voie téléphonique[148].

Au terme de ce chapitre, comme les précédentes, toutes les mesures nationales et internationales prises dans le cadre de la mise en œuvre de ces deux initiatives onusiennes s'étaient avérées insuffisantes, voire incapables de sortir le continent de l'ornière. Au contraire, la persistance de la dégradation de l'environnement économique international ainsi que les effets pervers des programmes d'ajustement avaient empiré la situation des économies africaines. Mais, une fois de plus, malgré cette impasse, les Nations unies, sous la houlette de son Secrétaire général, Koffi Annan, n'allaient pas désarmer. D'origine africaine, Koffi Annan allait manœuvrer comme un beau diable pour une ultime solution onusienne au problème de développement de son continent.

---

[148] Mwana, "L'Afrique se branche sur internet", p.6.

CHAPITRE 5 : Les Objectifs du Millénaire pour le Développement (OMD)

Au début de la décennie 2000, les Nations unies avaient mis sur pied une nouvelle initiative en faveur du développement du continent africain, dénommée les Objectifs du millénaire pour le développement (OMD). Pour en cerner les contours, il convient de rappeler, tout d'abord la genèse et la fabrique des OMD. Ensuite, leur contenu est présenté. Enfin, nous en esquissons quelques-unes de leurs limites.

Genèse et contexte d'avènement des OMD

Dans sa thèse de doctorat, l'historien camerounais Lobhe Bilebel Noé Serge met en exergue deux figures africaines dans le processus de fabrication des OMD : le Nigérian Nanven Garba Joseph, et l'Égyptien Boutros Boutros Ghali[149]. Il remet ainsi en question les informations de la base des données numériques du Centre de l'information et de la documentation des Nations unies Dag Hammarskjöld de New York, qui attribuent l'exclusivité de la paternité de l'initiative des OMD à Boutros Boutros Ghali. Pour lui, les OMD tirent leur origine du Plan de développement global proposé par le Nigérian Joseph Nanven Garba, président de l'Assemblée générale de l'ONU au début des années 1990. Celui-ci serait donc le précurseur du processus onusien ayant conduit à leur élaboration[150].

Ceci étant, si sa critique du Centre de l'Information et de la documentation des Nations unies n'est pas dénuée de tout

---

[149] N.S. Lobhe Bilebel, Histoire de l'idée de la réforme de l'Organisation des Nations unies de 1945 à 2015, Thèse de Doctorat *P.h.D* en Histoire des relations internationales, Université de Yaoundé I, 2015.

[150] Ibid., p.92.

fondement et de toute pertinence, il est évident que l'on ne saurait réduire la fabrique des OMD au duo Nanven Garba - Boutros Boutros Ghali. Ce serait occulter le rôle joué en dernier ressort par le Ghanéen Koffi Atta Anan, successeur de Boutros Boutros Ghali au Secrétariat général de l'ONU. Il convient donc de l'adjoindre à ceux-ci, pour son rôle en matière de validation des OMD. C'est donc d'un trio qu'il s'agit, chacune de ces trois grandes figures africaines ayant joué sa partition dans l'avènement des OMD. Nanven Garba en est l'initiateur ; Boutros Boutros Ghali en a assuré la maîtrise d'ouvrage jusqu'à leur formalisation ; Koffi Anan a fait du lobbying en vue de leur validation et leur mise en agenda international. Une brève rétrospective du processus de mise en musique des OMD permet de faire ressortir le rôle joué par chacun d'eux dans ce dossier.

En effet, dans le souci de réorienter le système onusien vers les besoins et les priorités socioéconomiques des populations les plus démunies de la planète, Nanven Garba proposa à l'AG, un Plan de développement global comportant trois axes : la lutte contre la pauvreté et la faim, la santé pour tous, et le développement des pays du tiers-monde. Cette proposition fut adoptée à l'unanimité et ratifiée par la résolution 683 du Conseil de sécurité. Celui-ci enjoignait l'AG de procéder à un examen minutieux des propositions de Nanven Garba. Ce qu'elle fit, en tenant trois sessions successives consacrées à la question.

Il apparaît donc que la réflexion sur les OMD était bien antérieure à la nomination de Boutros Boutros Ghali au poste de Secrétaire général de l'ONU, le 13 décembre 1989. Il est plutôt probable que, dans le souci de se conformer à la feuille de route tracée par le Conseil de sécurité au moment de sa nomination[151], et surtout, d'apporter sa pierre

[151] Pour plus d'informations, lire son ouvrage intitulé, *Mes années dans la maison de verre*, Paris, Fayard, 1999. Il y déclare, à la page 13, que

à l'édifice onusien en recentrant l'action de l'ONU autour de la paix, du développement et de la démocratisation[152], Ghali s'était juste inscrit dans la continuité de Nanven Garba, en œuvrant pour l'approfondissement et la formalisation du Plan de développement global sous le nom et la forme des OMD. Pour mener à bien ce projet, il avait mis sur pied une Commission d'experts, sur le modèle de celle qu'avait dirigée LAkhdar Brahimi, ministre algérien des Affaires étrangères, sous la supervision de Javier Perez De Cuellar.

Pour ce qui est du contexte qui avait présidé à l'élaboration des OMD, l'on peut se permettre de dire que ceux-ci survenaient dans un contexte marqué par une certaine lassitude de la communauté internationale sur les problèmes de l'Afrique. Ladite lassitude procédait de la conjonction de plusieurs facteurs, dont deux nous paraissent essentiels : le déclassement stratégique du continent africain à la fin de la guerre froide, et la résurgence de l'afropessimisme.

Le premier facteur désigne l'érosion de l'intérêt stratégique et géopolitique des pays occidentaux pour l'Afrique à la fin des années 1980, au profit des pays de l'Europe centrale et de l'Est, devenus leur nouvelle priorité. Du fait de l'implosion de l'Union soviétique, les volumes d'aide qui convergeaient jadis vers le continent africain avaient été redirigés et réorientés vers ces pays, non seulement par solidarité de race, mais aussi par calcul stratégique[153]. La nouvelle stratégie des pays occidentaux consistait à financer leur reconstruction et partant, leur

---

l'Assemblée générale lui avait demandé d'aller plus loin que ses prédécesseurs.

152 Boutros Boutros-Ghali, *Paix, développement, démocratie. Trois agendas pour gérer la planète*, Pedone, Paris, 2002.

153 Il ne fait pas de doute que la stratégie des pays occidentaux consistait à empêcher une éventuelle reconstitution de l'Union soviétique, en intégrant ses anciens satellites dans leur giron.

transition du système communiste au système libéral, afin de les intégrer au sein de l'Europe communautaire, et d'empêcher une éventuelle reconstitution de l'URSS. Ainsi, le fameux slogan des années 1950, qui faisait passer "le Zambèze avant la Corrèze", avait été supplanté par celui privilégiant désormais "la Hongrie à la Zambie". Ce déclassement stratégique dont était victime le continent africain coïncidait avec la montée de l'afropessimisme, un courant d'opinion certes ancien, mais qui servait désormais à justifier le désintérêt de l'Afrique, au profit du tropisme est-européen et asiatique du sud-est.

Inspiré de la crise africaine caractérisée par la multiplication des conflits[154], l'effondrement de certains États[155], la persistance et l'aggravation du problème de l'endettement et l'augmentation de la pauvreté, il tire essentiellement sa source du constat désabusé selon lequel, 40 ans après l'indépendance, l'Afrique subsaharienne n'avait toujours pas décollé économiquement. Au contraire, elle régressait. Cette involution était présentée par les analyses afropessimistes comme l'échec d'un continent rebelle à tous les schémas de développement connus, réfractaire à la modernité occidentale et à ses valeurs plus imitées qu'intériorisées. De leur point de vue, toute l'ingénierie du conseil importé clef en main par la coopération occidentale et des ONG pleines de bonne volonté se heurtait à des blocages de toute sorte dans les pays bénéficiaires. Un échantillon de titres de la presse française rend bien compte de cette orgie de pessimisme[156].

---

[154] D'après certaines statistiques, l'Afrique comptait 35 pays en guerre sur 53 en 1992.

[155] C.f., W. Zartman (dir.), *Collapsed States: the Disintegration and Restoration of Legitimate Authority,* Londres, Lynne Rienner Publishers, 1995, 303 p.

[156] Ces quelques titres d'articles de presse sur l'Afrique choisis au hasard de nos lectures sont éloquents à cet égard : "Une Afrique endeuillée, si loin de l'Europe" (C. Braeckman, in *Le Monde*

Outre les titres de la presse française et internationale, l'afropessimisme faisait déjà tache d'huile depuis le milieu des années 1980, à travers la publication par des Africains, d'une série d'ouvrages d'un ton foncièrement pessimiste et apocalyptique sur la situation de leur continent[157]. Ce regard pessimiste avait fini par générer une sorte d'indifférence quasi généralisée des bailleurs de fonds envers le continent africain, jugé coupable d'une incapacité à s'en sortir lui-même, sans intervention extérieure. Ils ne voyaient désormais aucun intérêt à octroyer une aide dispendieuse à un continent assimilé aussi bien à un tonneau de danaïdes qu'à un monde inutile[158]. L'on se souvient encore des articles ou des pamphlets prônant le désengagement pur et simple des pays développés à l'égard de l'Afrique[159]. À l'intérieur de l'hexagone français, un candidat d'extrême-droite à l'Élysée, Pierre Poujade,

diplomatique, mai 1994) ; "L'Afrique noire est-elle perdue ?" (René Dumont, in *Le Monde diplomatique,* mai 1990) ; "L'abandon de l'Afrique" (Jocelyn Coulon, in *Le Devoir*, 9 mai 1994) ; "Pleure, Afrique malaimée" (*Le Monde*, 28 juillet 1994). Lire aussi *Jeune Afrique*, "Pourquoi la presse française s'attaque à l'Afrique", n°1525, 26 mars 1990.

157 Quelques morceaux choisis : A. Kabou, *Et si l'Afrique refusait le développement*, Paris, L'Harmattan, 1991, S. Amin, *La faillite du développement en Afrique et dans le tiers monde*, Paris, L'Harmattan, 1989, T. Diakité, *L'Afrique malade d'elle-même*, Paris, Karthala, 1986, J. Giri, *L'Afrique en panne. Vingt-cinq ans de développement*, Paris, Karthala, 1998, M. Diallo, *Les Africains sauveront-ils l'Afrique*, Paris, Karthala, 1986, Abanda à Djem, *Pour sauver l'Afrique*, Paris, Édition Conscience et Savoir, 2006.

158 En référence à un article de P. Conesa intitulé "Une géographie du monde inutile", publié dans *Le Monde diplomatique*, in *Le Monde diplomatique*, version numérique, mars 2001.

159 Certains africains considèrent l'extrême médiatisation de ce thème comme une stratégie de déstabilisation de l'Afrique. Cf. S. Bako, Diplomate et ancien ministre des Affaires étrangères et de la coopération du Niger, in *Jeune Afrique*, n°1760 du 29 septembre au 05 octobre 1994, p.78.

déclarait : ″la Corrèze doit passer avant le Zambèze. L'argent des Français n'appartient pas aux Bamboulas″. Certains cercles de réflexions étaient même allés jusqu'à mettre le sort de l'Afrique en débat. Dudit débat avait émergé un courant qui préconisait la recolonisation pure et simple du continent africain par les pays occidentaux[160].

La sentence était confortée, hélas, par les rapports de la Banque mondiale qui faisaient état d'une accentuation de la pauvreté dans le continent. Le nombre de subsahariens qui vivaient en dessous du seuil de pauvreté était passé de 290 millions d'âmes en 1990, à 376 millions en 1999, et à 414 millions en 2010. C'est dans ce contexte que s'était tenu, du 06 au 08 septembre 2000, un sommet mondial, dénommé, ″sommet du millénaire″, réunissant à New York, dans l'enceinte onusienne, 189 pays dont 147 étaient représentés par leurs Chefs d'État et de gouvernements. ″La déclaration du millénaire″ était adoptée à cette occasion[161]. Il n'est pas sans intérêt d'indiquer que la tenue de ce sommet devait, une fois de plus, à l'implication et au *lobbying* personnels de Koffi Annan, le SG de l'ONU. Celui-ci était parvenu à former un groupe de réflexion sur l'Afrique et à s'assurer le soutien des bailleurs de fonds. L'année suivante (2001), au sommet de Johannesburg, il avait lancé la ″Campagne du Millénaire des Nations unies″, afin de susciter et de soutenir la participation et l'engagement de la communauté internationale dans la réalisation des OMD[162].

Dans son rapport intitulé *Rénover l'Organisation des Nations unies : un programme de réformes*, présenté lors de

---

[160] Ce courant était incarné par le Club de L'horloge, un cercle de réflexion ayant pour chef de file, un certain M. Leroy, auteur d'un ouvrage emblématique intitulé, *L'Occident sans complexes*, Paris, Carrère, 1985, 345 pages.

[161]www.un.org/documents/ga/res/55/a55r002.pdf–A/RES/55/2, consulté le 05 janvier 2016 à 20 heures.

[162] CH.B. Bizot, *La dette des pays en développement (1982-2000),* Paris, La documentation française, 2001, p.105.

la 52e session de l'AG de l'ONU tenue en décembre 1997, à New York, Koffi Annan avait proposé que soit baptisé "Assemblée du millénaire", la session qui devait se tenir à l'aube du nouveau millénaire. L'on peut s'autoriser de penser que son souci majeur était de rapprocher l'ONU des peuples. En écho à ce plaidoyer, la résolution 52/2002 du 17 décembre 1998 de l'AG consacrait à la 55e session, l'appellation "Assemblée du millénaire", tandis que la résolution 53/239 du 8 juin 1999 la convoquait pour la date du 6 septembre 2000. Quant aux motivations profondes de sa convocation, l'ONU déclarait que :

> L'entrée du monde au nouveau millénaire devrait constituer à la fois une occasion de réjouissance et de réflexion. Le siècle qui touche à sa fin a été émaillé de sanglants conflits. La misère la plus criarde côtoie l'extravagante opulence et des inégalités persistantes, tant à l'intérieur de chaque pays, qu'entre les différents pays. Les épidémies, anciennes ou nouvelles, qui surgissent, tendent à mettre à mal les progrès déjà accomplis avec peine. La biosphère dont l'impact est déterminant pour la survie de tous les humains ne cesse de subir les outrages et les attaques de l'activité humaine. Les habitants de la terre attendent de leurs dirigeants, à l'issue de leur réunion consacrée au sommet du millénaire, qu'ils identifient les problèmes majeurs du monde afin d'agir pour y remédier[163].

Ainsi, comme le souligne l'ONU dans son ouvrage intitulé, *Revendiquer les Objectifs du millénaire pour le développement, une approche fondée sur les droits de l'homme*, les OMD sont apparus à l'issue d'un débat

---

[163] Rapport du Secrétaire Général de l'ONU à la 51ème session de l'Assemblée générale, *Nous, les peuples, le rôle des Nations Unies au 21ème siècle*, New York, Edition des Nations Unies, 2000, p.3.

international sur la pauvreté et l'environnement qui avait duré une décennie[164].

Le contenu des OMD et les modalités de leur mise en œuvre par les États africains

Grâce aux archives numériques du Centre de documentation et de l'information des Nations unies, l'on peut reconstituer les différentes étapes de l'élaboration du contenu des 18 OMD. En effet, les trois premiers OMD avaient été formalisés lors de la Session spéciale de l'A.G. du 13 décembre 1989, consacrée à la lutte contre la pauvreté et la faim. Ceux-ci se déclinent ainsi qu'il suit :

- **Objectif 1** : éliminer l'extrême pauvreté et la faim ;
- **cible 1** : réduire de moitié, entre 1990 et 2015, la proportion de la population dont le revenu est inférieur à un dollar par jour ;
- **cible 2** : réduire de moitié, entre 1990 et 2015, la proportion de la population qui souffre de la faim ;
- **Objectif 2** : assurer une éducation primaire pour tous ;
- **cible 3** : d'ici à 2015, donner à tous les enfants, garçons et filles, partout dans le monde, les moyens d'achever un cycle complet d'études primaires ;
- **Objectif 3** : promouvoir l'égalité des sexes et l'autonomisation des femmes.
- **cible 4** : éliminer les disparités entre les sexes dans les enseignements primaire et secondaire d'ici à 2005 si possible et à tous les niveaux de l'enseignement en 2015 au plus tard.[165]

---

[164] ONU, *Revendiquer les Objectifs du millénaire pour le développement, une approche fondée sur les droits de l'homme*, Publications des Nations Unies, New York/Genève, 2008, p.2.

[165] Nations Unies, Document officiel, *Résolution AG/565/089 portant sur le Plan de développement global proposé par le président Joseph NANVEN GARBA lors de la seizième session spéciale de l'Assemblée générale du 13 décembre 1989, New-York*, Département d'information des Nations Unies, 1989, p.19. (Archive numérique n°AG/565/089).

Au cours de la même session, l'Assemblée générale et l'équipe d'experts commis par Boutros Boutros Ghali avaient également statué sur les modalités de mise en application du deuxième point du Plan de développement global proposé par Nanven Garba : santé pour tous. Ce travail avait débouché sur la fixation de trois autres OMD :

- **Objectif 4** : réduire la mortalité des enfants de moins de 5 ans ;
- **cible 5** : réduire de deux tiers, entre 1990 et 2015, le taux de mortalité des enfants de moins de 5 ans ;
- **Objectif 5** : améliorer la santé maternelle ;
- **cible 6** : réduire de trois quarts, entre 1990 et 2015, le taux de mortalité maternelle ;
- **Objectif 6** : combattre le VIH/sida, le paludisme et d'autres maladies
- **cible 7** : d'ici à 2015, avoir enrayé la propagation du VIH/sida et commencé à inverser la tendance actuelle ;
- **cible 8** : d'ici à 2015, avoir maîtrisé le paludisme et d'autres grandes maladies, et avoir commencé à inverser la tendance actuelle.[166]

Enfin, l'épilogue du processus se produisit lors de la 18e session spéciale de l'AG de l'ONU, du 13 au 17 août 1990. Au cours de celle-ci, les deux derniers OMD furent adoptés :

- **Objectif** 7 : assurer un environnement durable ;
- **cible 9** : intégrer les principes du développement durable dans les politiques nationales, et inverser la tendance actuelle à la déperdition des ressources environnementales ;
- **cible 10** : réduire de moitié, d'ici à 2015, le pourcentage de la population qui n'a pas accès de façon durable à un approvisionnement en eau potable salubre et à des services d'assainissement de base ;

---

[166] Ibid.

- **cible 11** : réussir, d'ici à 2020, à améliorer sensiblement la vie d'au moins 100 millions d'habitants des taudis ;

- **Objectif 8** : mettre en place un partenariat mondial pour le développement

- **cible 12** : poursuivre la mise en place d'un système commercial et financier multilatéral ouvert, fondé sur des règles prévisibles et non discriminatoires. Cela suppose un engagement en faveur d'une bonne gouvernance, du développement et de la lutte contre la pauvreté aux niveaux tant national qu'international ;

- **cible 13** : s'attaquer aux besoins particuliers des pays les moins avancés. La réalisation de cette cible suppose l'admission en franchise et sans contingentement des produits exportés par les pays les moins avancés ; l'application du programme renforcé d'allègement de la dette des PPTE et l'annulation des dettes publiques bilatérales ; et l'octroi d'une APD plus généreuse aux pays qui démontrent leur volonté de lutter contre la pauvreté ;

- **cible 14** : répondre aux besoins particuliers des petits États insulaires en développement (en appliquant le Programme d'action pour le développement durable des petits États insulaires en développement et les conclusions de la vingt-deuxième session extraordinaire de l'Assemblée générale) ;

- **cible 15** : traiter globalement le problème de la dette des pays en développement par des mesures d'ordre national et international propres à rendre leur endettement viable à long terme ;

- **cible 16** : en coopération avec les pays en développement, formuler et appliquer des stratégies qui permettent aux jeunes de trouver un travail décent et utile ;

- **cible 17** : en coopération avec l'industrie pharmaceutique, rendre les médicaments essentiels disponibles et abordables dans les pays en développement ;

- **cible 18** : en coopération avec le secteur privé, faire en sorte que les avantages des nouvelles technologies, en particulier des technologies de l'information et de la communication, soient accordés à tous.

Ces objectifs ainsi que leurs cibles sont étroitement liés et doivent être considérés comme formant un tout. Ils constituent un partenariat entre les pays en développement et les pays développés, tous résolus, comme il est dit dans la Déclaration du Millénaire, à ″créer – au niveau tant national que mondial – un climat propice au développement et à l'élimination de la pauvreté″[167].

Au terme de cette présentation, il ressort que les 16e, 17e, et 18e Sessions spéciales de l'AG de l'ONU sont à la base de la formalisation des huit objectifs et dix-huit cibles définies par les OMD. De prime abord, l'originalité des OMD réside dans le fait qu'ils constituent un ensemble d'objectifs clairs axés sur l'amélioration des conditions de vie des populations, mesurables et assortis de délais, puisqu'ils devaient être atteints en 2015. Les OMD constituaient ainsi une réponse à la prise de conscience de la nécessité d'intégrer la dimension humaine au cœur même du processus de formulation des politiques publiques de développement. Pour leur réalisation, les pays industrialisés s'étaient engagés à Monterrey, au Mexique, lors de la conférence sur le financement du développement convoquée par l'ONU en 2002, à augmenter substantiellement leur aide au continent africain. À ce sujet, les estimations faisaient état de ce que la réalisation des OMD requérait un apport supplémentaire de 50 milliards de

---

[167] Nations Unies, Document officiel, *Résolution AG/567/090 portant sur le Plan de développement global proposé par le président Joseph NANVEN GARBA lors de la dix-septième session spéciale de l'Assemblée générale du 13 au 17août 1990, New-York*, Département d'information des Nations Unies, 1990, pp.1-167. (Archive numérique n°AG/567/090).

dollars par an, ce qui donnerait environ 100 milliards de dollars d'aide au total par année, à partir de 2002[168].

L'opérationnalisation des OMD par les États africains reposait sur deux piliers : l'institutionnel et le politico-économique. Le pilier institutionnel d'abord, reposait sur deux structures : **le Groupe de pilotage pour la réalisation des OMD en Afrique, et le groupe de travail pour la réalisation des OMD en Afrique.**

Institué en septembre 2007, le premier était composé des dirigeants d'organisations d'aide multilatérale réunis pour penser des mesures concrètes devant être prises pour que l'Afrique puisse atteindre les OMD et les autres objectifs de développement convenus au niveau international. Présidé par le Secrétaire général de l'ONU, c'est une plateforme qui réunissait : le Président du Groupe de la Banque africaine de développement (BAD), le Président du groupe de la Banque islamique de développement (BID), le Président du groupe de la Banque mondiale (BM), le Président de la Commission européenne, le président de la Commission de l'Union africaine (CUA), le Directeur général du Fonds monétaire international (FMI) et le Secrétaire général de l'organisation de coopération et de développement économique (OCDE). Le Groupe de pilotage était appuyé par le Groupe de travail pour la réalisation des OMD en Afrique, qui était présidé par le Vice-Secrétaire général de l'ONU et était composé des représentants du système des Nations unies ainsi que d'autres organisations multilatérales majeures.

[168] Calculs effectués par la Commission Zedillo en préparation de la conférence de Monterrey, et confirmés ensuite par la Banque mondiale. Lire, Conseil canadien pour la coopération internationale, ″Les enjeux politiques des Objectifs du millénaire pour le développement : contribuer aux stratégies visant à mettre fin à la pauvreté ?″, mai 2005, in www.ccic.ca, consulté le 20 septembre 2016.

Ensuite, le pilier politico-économique était matérialisé par les Documents de stratégie de réduction de la pauvreté (DSRP). Ceux-ci ont, a à un moment donné, fait office de cadre de référence des politiques de développement des États africains. Ils traduisaient à la fois la satisfaction par ceux-ci, des nouvelles conditionnalités post-première génération des PAS du FMI et de la Banque mondiale, et leur arrimage au train des OMD. Pour le démonter, il convient de mettre en exergue leur contexte d'avènement ainsi que leur contenu.

En effet, si la pauvreté n'était pas une réalité nouvelle dans et pour les pays africains[169], il n'en reste pas moins que c'est depuis le milieu des années 1990 qu'elle dominait véritablement les discours officiels et les politiques publiques de développement de leurs gouvernements. Par le biais des DSRP, ceux-ci disaient vouloir, à défaut d'éradiquer complètement la pauvreté, tout au moins la réduire de moitié. C'est aussi depuis la même période que la lutte contre la pauvreté figure au rang des priorités des institutions internationales dites de développement. Du sommet mondial sur le développement social tenu à Copenhague du 05 au 12 mars 1995, à celui du millénaire de New York, du 06 au 08 septembre 2000, la lutte contre la pauvreté n'a cessé de dominer l'agenda de la communauté internationale.

Concomitamment, les institutions internationales produisaient des statistiques effarantes sur l'ampleur de la pauvreté dans le monde, et surtout en Afrique subsaharienne. En guise d'exemple : dans son rapport sur le développement mondial intitulé, *Combattre la pauvreté,*

---

[169] Depuis les années 1960, le discours officiel des gouvernements africains et des partenaires extérieurs insistait plutôt sur le sous-développement. Pourtant des auteurs tels que Albert Tévoédjrè, (*La pauvreté, richesse des peuples*, Paris, Éd. ouvrières, 1967) en parlait déjà.

publié en l'an 2000, la Banque mondiale indiquait que le nombre de pauvres en ASS était passé de 217 millions d'âmes à 291 millions, entre 1987 et 1998. Pour illustrer la progression de la pauvreté dans cette zone, elle ajoutait que le nombre de pauvres y était passé de 376 millions en 1999, à 413 millions en 2010[170]. Cette situation était grandement liée aux coûts socio-économiques des PAS imposés aux États africains comme solution de règlement de la crise de l'endettement qui sévissait depuis le début des années 1980. L'ampleur de ces chiffres allait à nouveau susciter la commisération, certes intéressée de la communauté internationale à l'égard de l'Afrique. D'où l'avalanche d'initiatives qui pleuvent pour lutter contre la pauvreté sur ce continent[171]. En 1999, consciente des ravages socio-économiques des PAS et de leurs conséquences politiques, la Banque mondiale avait décidé, à la suite de l'Initiative des Pays pauvres très endettés (IPPTE),[172]de conditionner ses prêts aux États africains par la confection des DSRP. Dans le cadre de ce nouveau dispositif, les gouvernements africains ayant atteint le point d'achèvement de l'IPPTE devaient élaborer un DSRP à travers un processus participatif, incluant les organisations de la société civile, les représentants des entreprises et des pauvres[173].

---

170 A. Faujas, "Economie. L'Afrique va-elle-aussi bien qu'on le dit ?", in *Jeune Afrique*, hors-série, 2014, pp.59-60.

171 R. Bidias, Un demi-siècle d'Assistanat international pour le développement en Afrique subsaharienne : 1960-2015.Rétrospective et prospective, Thèse de Doctorat *P.hD* en Histoire, Université de Yaoundé I, 2018.

172 L'IPPTE avait été lancée en 1996 par le G7 lors de son sommet de Lyon, à l'effet d'atténuer le coût social de la première génération des PAS.

173 Conférence des Nations Unies pour le commerce et le développement, *Le développement économique en Afrique. De l'ajustement à la réduction de la pauvreté : qu'y a-t-il de nouveau ?,* New York et Genève, 2002, p.2.

Le nouveau cadre définissait aussi le rôle et la participation des services des deux institutions de Breton Woods aux différentes étapes de la conception et de la mise en œuvre des programmes de réduction de la pauvreté :

1) Un plan général était élaboré en ce qui concerne le contenu thématique des DSRP, mais le personnel n'était pas censé jouer davantage qu'un rôle d'appui dans l'élaboration des documents ;

2) Les DSRP intérimaires, puis les DSRP définitifs, faisaient l'objet d'une « Évaluation conjointe des services » (ECS) de la Banque mondiale et du FMI avant d'être approuvés par les conseils d'administration respectifs des deux institutions comme base du programme d'aide correspondant. Cette évaluation était destinée à garantir que les DSRP seraient compatibles avec les exigences des conseils d'administration des institutions concernées et seraient donc approuvés[174].

Différents en fonction de chaque État africain, les DSRP devaient exposer les modalités de participation à son élaboration et inclure les éléments suivants : un diagnostic de la pauvreté, des objectifs, des indicateurs et des systèmes de suivi, les mesures prioritaires que les pouvoirs publics comptaient prendre sur une période de trois ans[175]. Pour soutenir les États africains dans la mise en œuvre de leur DSRP, le FMI avait transformé sa Facilité d'ajustement structurel renforcée (FASR), en Facilité pour la réduction de la pauvreté et la croissance (FRPC). Qu'en est-il de l'atteinte des OMD par les États africains ?

---

[174] Ibid., p.11.

[175] E. Kwedi Mbeng, L'impact du rapport Brundtland sur les politiques de développement des Etats africains. Une approche socio-anthropologique des enjeux de la coopération Nord-Sud, Mémoire de Diplomatie, IRIC, 2014, p.75.

Esquisse de bilan de la mise en œuvre des OMD en Afrique subsaharienne

Une esquisse de bilan des OMD peut être axée, non seulement sur l'état des lieux de leur réalisation par les États africains, mais aussi, sur les limites qui en découlent. Certes, la clarté de leur formulation et leur quantification leur avaient assuré un succès politique et médiatique sans précédent. Mais, au-delà de cette mobilisation des opinions publiques et de la simple litanie des chiffres, les OMD sont officiellement crédités d'avoir enregistré quelques résultats positifs en termes de réduction de l'extrême pauvreté. Dans la préface du Rapport 2015 des Nations Unies à eux consacré, Ban Ki-Moon déclarait sans ambages que « les OMD ont permis de sortir plus d'un milliard de personnes de l'extrême pauvreté, de réaliser des progrès remarquables dans la lutte contre la faim, de permettre à plus de filles [...] d'aller à l'école et de protéger notre planète ».[176] Toutefois, ces avancées sont variables d'un groupe cible à un autre, et en fonction des zones géographiques. Un aperçu global du niveau d'atteinte des OMD par les États africains au sud du Sahara commande de reconnaître que, de 2000 à 2015, si les OMD ont globalement contribué à diminuer la pauvreté dans le monde, à travers une solidarité mondiale qui a vu la mobilisation de l'ensemble des acteurs du champ du développement, un consensus international existe sur le fait que plusieurs OMD n'ont pas pu être atteints par les États africains, individuellement ou collectivement.

Si les OMD n'ont pas été globalement atteints par l'ensemble des États du continent africain, le taux de réalisation varie tout de même selon les États, et en fonction de chaque objectif. En règle générale, les États africains ont

176 Nations Unies, *Objectifs du Millénaire pour le développement*, Rapport 2015, p.3.

pris des mesures allant dans le sens de la réalisation des OMD avec des performances différentes. S'agissant par exemple de la réduction de la pauvreté, et en dépit de l'épineux problème de la disponibilité et de la fiabilité des statistiques à jour, certaines estimations font état à la fois d'un recul du taux de pauvreté en Afrique, et du maintien de la part du continent dans la pauvreté mondiale à un niveau élevé, tout comme d'une augmentation du nombre total d'Africains vivant en dessous du seuil de pauvreté (1,25 dollar par jour). [177]

Sous la plume de l'économiste français Philippe Hugon, il ressort que plusieurs objectifs auraient été atteints en Afrique subsaharienne (ASS), même si elle est globalement à la traîne, du fait notamment de la croissance démographique exponentielle, de la multiplication des conflits, voire de la baisse de l'APD[178]. Selon les statistiques officielles, ils ont été globalement atteints pour l'OMD 6 de lutte contre le sida, la tuberculose, le paludisme ; ils s'en sont rapproché pour l'OMD1 en termes de baisse de la pauvreté absolue, l'OMD2 de scolarisation primaire, l'OMD3 d'équité par genre de la scolarisation, et de partenariat pour le développement (OMD8). Ils ont été dépassés pour l'accès à l'eau potable (baisse de 50 % du non-accès), de la population exclue des quartiers insalubres (200 millions contre 100 millions comme objectifs). Mais ils ont été inférieurs pour l'OMD5, en termes de baisse de la mortalité maternelle (la moitié contre ¾ pour les objectifs) et de l'OMD4 de mortalité infantile (baisse d'1/3 contre ¾ au niveau des objectifs), et de viabilité de

[177] Ibid., p.6.

[178] Ph. Hugon, « Au-delà des stratégies de lutte contre la pauvreté, des OMD et des ODD, comment réaliser un développement inclusif et prendre en compte les trappes à vulnérabilité (Trickle-down effect) ? Le cas de l'Afrique, Colloque Pauvreté et développement inclusif, Toulon, 26-27 avril 2016.

l'environnement (OMD7)[179]. Entre 1990 et 2012, le taux d'extrême pauvreté (moins de 1,9 $/jour) a reculé de 14 points (42,7 % en 2012 contre 56,8 % en 1990) (Observatoire des inégalités). L'indice de satisfaction des besoins fondamentaux (source Social Watch) est passé de 59 % à 68 % (2011). Mais les Africains en situation d'extrême pauvreté seraient passés de 228 millions en 1990 à 389 millions en 2012[180].

Tableau n° 02 : Résultats des OMD en Afrique subsaharienne entre 1990 et 2013

	1990	2013
1-Extrême pauvreté (moins d'un dollar par jour) %	56	48
2-Taux net de scolarisation %	53	77
3-Égalité de sexe (emploi salarié des femmes/emploi) %	24	33
4-Taux de mortalité infantile (moins de 5 ans) 1000	178	109
5-Taux de mortalité maternelle/100 000 naissances	850	500
6-Traitement antirétroviral du SIDA %	40	56
Émission de CO2 (milliard tonne métrique)	0,7	1,3
7-Accès à l'eau amélioré %	49	63
7-Habitat dans les taudis %	65	62

Source : Nations unies, Rapport sur les OMD 2014, cité par Philipe Hugon.

Bien entendu, les résultats sont très contrastés selon les États africains. Certains sont caractérisés par un pourcentage très élevé de l'extrême pauvreté (Madagascar 82 %, Burundi et RDC 77 %). Le Nigeria ayant le PIB le plus élevé a un taux de 53 %. Sur 40 pays en 2004 : un avait

179 Ibid.

180 Ibid.

atteint les 7 objectifs (Maurice) ; trois, 5/7 (Botswana, Cap-Vert, Namibie) ; cinq, 4/7 (Afrique du Sud, Ghana, Lesotho, Malawi, Sénégal) ; neuf, 3/7 (Bénin, Comores, Djibouti, Gambie, Kenya, Madagascar, Mali, Mauritanie, Seychelles) ; neuf, 2/7 (Angola, Burkina Faso, Congo, Érythrée, Gabon, Guinée, Guinée-Équatoriale, Ouganda, Rwanda) ; huit, 1/7 (Burundi, Cameroun, RDC, Côte-d'Ivoire, Nigeria, RCA, São Tomé, Sierra Leone ; cinq, 0/7 (Éthiopie, Guinée-Bissau, Liberia, Mozambique, Niger). Dix ans plus tard, les progrès les plus notables observables concernaient le Bénin, l'Éthiopie, la Gambie, le Malawi et le Rwanda. On note une baisse de l'incidence de l'extrême pauvreté. Dans le domaine de la scolarisation, les OMD auraient été atteints dans la majorité des États d'Afrique australe, mais pas dans les États du Sahel[181]. Ce tableau contrasté incite à chercher à savoir ce qui fait problème. En fait, l'engagement onusien en faveur de la réduction de la pauvreté en Afrique subsaharienne ne résiste pas à la critique. Au-delà des limites opérationnelles des OMD, c'est leur pertinence même en tant que politiques de promotion du développement qui est questionnable.

Érigée au rang de première priorité de la communauté internationale, la réduction de la pauvreté inscrite dans la Déclaration du Millénaire apparaît désormais comme la principale politique de développement en Afrique subsaharienne. Loin de remettre en cause la « noblesse » d'une telle ambition, il est permis d'affirmer que l'objectif de réduction de la pauvreté est dichotomique avec la promotion du développement. Ce qui ôte aux OMD le bénéfice d'une initiative de développement pertinente. La

---

[181] Ph. Hugon, « Au-delà des stratégies de lutte contre la pauvreté, des OMD et des ODD, comment réaliser un développement inclusif et prendre en compte les trappes à vulnérabilité (Trickle-down-effect) ? Le cas de l'Afrique, Colloque Pauvreté et développement inclusif, Toulon, 26-27 avril 2016.

philosophie de base de la lutte contre la pauvreté et son contexte d'émergence corroborent avec suffisance ce point de vue.

En effet, la consécration du paradigme de la lutte contre la pauvreté comme substrat doctrinal et politique de la promotion du développement en Afrique subsaharienne dans le cadre des OMD est l'aboutissement d'un processus cognitif qui remonte au Rapport du Club de Rome de 1972. Intitulé « Halte à la croissance »[182], ce rapport émet l'hypothèse alarmiste et catastrophiste selon laquelle, « Si les pays du monde en général et ceux industrialisés en particulier venaient à poursuivre leur course effrénée à la croissance, il se produirait, aux environ de l'an 2100, une chute brutale de la population mondiale, du fait de la pollution, de l'appauvrissement des sols cultivables et de la raréfaction des ressources disponibles ». Le même rapport poursuit que, « Si tous les États de la planète venaient par exemple à adopter l'*American way of life* en vertu duquel 7 % de la population mondiale consomme près du quart des ressources de la terre, il faudrait l'équivalent de 5 ou 6 planètes terre pour satisfaire les besoins de tous ». Dans cette perspective, *quid* de la volonté légitime de croissance des pays en développement en général, et ceux d'Afrique en particulier ? Au miroir de l'expérience de développement des pays industrialisés qui enseigne qu'aucun décollage économique n'est possible sans une

---

[182] Également connu sous le nom de rapport Meadows, c'est le titre en français d'un rapport commandé à une équipe du Massachusetts Institute of Technology par le Club de Rome en 1970. C'est la première étude importante soulignant les dangers écologiques de la croissance économique et démographique que connaît le monde à cette époque. 16 scientifiques pluri-disciplinaires avaient collaboré à son élaboration pendant 2 ans. Les chefs de ce projet étaient Donella Meadows, Dennis Meadows (son époux), Jörgen Randers et William Behrens. Le rapport fut publié en version originale en 1972. Il fut traduit en français par Jeanine Delaunay et publié par les éditions Fayard en 1973

industrialisation préalable, comment demander aux États africains de modérer la consommation de leurs ressources naturelles ?

À ce questionnement, la réponse du Rapport du Club de Rome est sans ambages : « Il est à craindre que la satisfaction du souhait pourtant légitime de la croissance dans les pays en développement n'entraîne une dégradation encore plus importante de la biosphère ». L'on est en droit de penser que, bien qu'elle ne le dise pas expressément, cette réponse porte de façon sous-jacente l'idée de la lutte contre la pauvreté comme nouvelle stratégie de développement à adopter par les États africains. Celle-ci va être clairement formulée quinze ans plus tard, dans le Rapport Brundtland de 1987[183]. Après avoir reconnu la responsabilité des pays industrialisés dans la dégradation de l'environnement, le rapport Brundtland propose aux PVD, l'élaboration d'une stratégie de lutte contre la pauvreté comme condition de leur survie. Les paragraphes 2 et 3 du chapitre concerné le disent expressément : « Une stratégie de lutte contre la pauvreté est donc l'une des conditions essentielles pour le développement durable ». Donc, dans l'esprit du rapport Brundtland, la lutte contre la pauvreté reprise dans les OMD était censée se substituer à la croissance économique, et par ricochet, à la transformation structurelle des économies africaines, seule à même de sortir l'Afrique de la pauvreté à travers une amélioration durable des conditions de vie de ses populations.

En outre, la pauvreté en Afrique fait l'objet d'une querelle définitionnelle entre les institutions internationales dites de développement, notamment le PNUD et la Banque

---

[183] Rédigé par la Commission sur l'environnement et le développement mise sur pied par l'ONU et codirigée par Gro Harlem Brundtland, femme politique norvégienne.

mondiale[184]. Pour le PNUD, la pauvreté ne saurait être un phénomène unidimensionnel, réduit à un simple manque ou une insuffisance de revenus et pouvant se résoudre de façon sectorielle. Il s'agit d'un phénomène complexe et multidimensionnel. Pour exprimer cette complexité et cette pluridimentionnalité, le PNUD a développé trois approches de la pauvreté à savoir, l'"extrême pauvreté", la "pauvreté générale" et la "pauvreté humaine". Selon l'institution onusienne, la "pauvreté extrême" est la situation d'une personne qui ne dispose pas de revenus nécessaires pour satisfaire ses besoins alimentaires essentiels habituellement définis en termes de besoins caloriques minimaux. Tandis qu'une personne vit dans la "pauvreté générale", si elle ne dispose pas de revenus suffisants pour satisfaire ses besoins essentiels non alimentaires, tels que l'habillement, l'énergie et le logement, et alimentaires. La "pauvreté humaine", quant à elle, est présentée comme l'absence des capacités humaines de base : analphabétisme, malnutrition, longévité réduite, mauvaise santé maternelle, maladie pouvant être évitée[185].

De même que le PNUD, la Banque mondiale reconnaît que la pauvreté a non seulement des dimensions multiples, mais aussi, de nombreuses facettes, et qu'elle est la résultante de processus économiques, politiques et sociaux interagissant entre eux, en se renforçant les uns les autres, aggravant ainsi le dénuement dans lequel vivent les pauvres[186]. Selon elle, la pauvreté absolue est la situation des personnes ne disposant pas de la quantité minimale de biens et de services permettant une vie normale, tandis que

---

[184] E. Benicourt, "La pauvreté selon le PNUD et la Banque mondiale", in *Études rurales,* p.3, consulté le 03 janvier 2016 sur http://etudesrurales.revues.org/68

[185] PNUD, *Vaincre la pauvreté humaine*, 2000.

[186] Banque Mondiale, *Rapport sur le développement dans le monde : combattre la pauvreté*, 2000.

la pauvreté relative reflète une conception plus axée sur la répartition des revenus à l'intérieur d'un pays. Elle s'établit par comparaison avec le niveau de vie moyen du pays dans lequel on se trouve, après détermination du revenu médian qui partage la population en deux parties égales. La pauvreté se définit alors par rapport à une proportion de ce revenu médian[187]. Dans cette perspective, la Banque mondiale a établi un "seuil de la pauvreté" qui désigne le revenu minimum, en deçà duquel un pays donné, ou une personne donnée est considérée comme pauvre, c'est-à-dire, ne disposant pas d'un niveau de vie convenable. Elle situe par exemple l'extrême pauvreté à 1,25 dollar par jour selon les prix de 2005.

À la lumière des définitions ci-dessus, il est aisé de constater qu'en dépit de quelques divergences conceptuelles dans leur appréhension et mesure de la pauvreté, la vision commune qui structure les perceptions du PNUD et de la Banque mondiale est celle de la pauvreté comme un état de manque, ou une situation d'insuffisance de ressources économiques et/ou monétaires permettant d'assurer une vie décente. Cette perception de la pauvreté découle essentiellement des expériences vécues dans le contexte américain ou européen. Elle est par conséquent inapte à rendre fondamentalement compte de la singularité des expériences africaines. Il en est de même des instruments internationaux de mesure de la pauvreté, qui ne tiennent pas par exemple compte de l'environnement culturel de certaines sociétés africaines, à l'instar du communautarisme des sociétés bantoues. En Afrique, la pauvreté s'appréhende au niveau institutionnel et structurel : un État dénué d'attributs de souveraineté et une population paupérisée par le biais de plusieurs mécanismes

---

[187] Benicourt, "La pauvreté selon le PNUD et la Banque mondiale", p.4.

à la fois endogènes et exogènes[188]. Par ailleurs, même parmi les personnes disposant de plus d'un dollar par jour pour vivre, subsistent de nombreux pauvres, preuve que la pauvreté en Afrique est moins un problème matériel, qu'une indigence d'esprit. L'expression pays pauvres n'est pas non plus opérante, car la plupart des pays d'Afrique subsaharienne sont dotés de ressources naturelles qui, exploitées à bon escient, et dans l'intérêt général, ne justifieraient pas l'état de dénuement dans lequel se trouve une part importante de leurs populations. Ainsi, parler de populations pauvres ou appauvries dans des pays riches en ressources diverses serait plus conforme à la réalité africaine.

Enfin, la réduction de la pauvreté ne s'est pliée qu'aux contingences temporelles et numéraires, sans s'appesantir sur ses conséquences multidimensionnelles et les politiques appropriées pour l'éradiquer. En éludant la question de la redistribution des richesses, et en évitant d'axer également sa réflexion et ses efforts sur les causes structurelles de la pauvreté, ne s'agissait-il pas, comme l'a souligné Rémy Herrera, de soulager la misère, de la rendre supportable par les pauvres, de la leur faire accepter, au moins pour "la moitié" d'entre eux, mais pas de la faire disparaître substantiellement ?[189] Dans le même ordre d'idées, l'on peut s'accorder avec Célestin Tagou[190] sur le fait que les OMD n'innovaient véritablement pas, et reprenaient essentiellement de vieilles antiennes. L'analyse des huit objectifs ci-dessus présentés fonde cette convergence de

[188] Pour plus de détails, lire, E. Mveng, « Pauvreté en Afrique », *Revue Quart monde*, n°192, novembre 2004, disponible en ligne à l'adresse https://www.revue-quartmonde.org/2002

[189] R. Herrera, "OMD : lutte contre la pauvreté ou guerre contre les pauvres ? " in "Objectifs du millénaire pour le développement. Points de vue critique", *Alternatives Sud*, CETRI, 2006, p. 186.

[190] C.Tagou, "Les théories et politiques globales de développement. De Truman aux OMD", in Pondi, *Repenser le développement...,* p.48.

vue. En fait, les objectifs 1,2, 4 et 6, ne sont qu'un *remake* des stratégies de la satisfaction des besoins fondamentaux (*basic needs*), impulsées par Mac Namara, et le développement rural ou communautaire. L'objectif 3 reprend les termes du débat sur la place et le statut de la femme dans le processus de développement, les questions démographiques et les droits de l'homme. L'objectif 7, quant à lui, s'inscrit dans le cadre des engagements et des décisions prises par la communauté internationale à Stockholm, en 1972, et à Copenhague, en 2009, pour préserver l'environnement. Enfin, le huitième objectif reprend le consensus de Washington. Au regard de ce qui précède, la seule nouveauté réside donc dans l'horizon d'achèvement qui était désormais fixé désormais à 2015[191].

Au-delà des espoirs qu'elles avaient suscités, la mise en application des OMD avait mis en évidence quelques limites qu'il convient de relever. Ainsi, le fait de laisser à chaque État africain le soin d'internaliser les OMD dans ses politiques publiques nationales constituait leur première faiblesse. Donner aux États africains la latitude d'opérationnaliser à leur guise les OMD dans leurs politiques de développement ne leur garantissait pas un bel avenir dans un continent où la notion de priorités, et la culture de la priorisation ont du mal à se frayer une place dans les systèmes de gouvernance. Une certaine opinion affirme, non sans raison d'ailleurs, que la généralisation des documents de stratégies de réduction de la pauvreté (DSRP), définissant dorénavant les priorités des politiques de développement d'un nombre croissant de pays, traduisait davantage la réponse des gouvernants aux exigences des bailleurs de fonds, qu'une volonté réelle de s'arrimer au train des OMD, et par ricochet, lutter efficacement contre la pauvreté ambiante.

---

[191] Tagou, up cite

En tout état de cause, face au bilan mitigé des OMD, l'ONU avait dû engager et conduire un nouveau processus en vue de l'élaboration d'un nouvel agenda de développement dit agenda post-2015. Celui-ci est connu sous le nom d'Objectifs de développement durable (ODD).

CHAPITRE 6 : Les Objectifs de Développement Durable

Après une évaluation critique des OMD à l'échelle internationale, les Nations unies avaient pris conscience que ceux-ci n'étaient plus en adéquation avec les défis planétaires du moment, notamment, l'accroissement des inégalités, une vulnérabilité croissante des populations face aux changements climatiques, et l'épuisement des ressources disponibles. L'impératif de sortir de la logique qui limitait les OMD aux seuls pays en développement se posait donc avec acuité. C'est ainsi que, lors du Sommet sur le développement durable tenu le 25 septembre 2015, les dirigeants des États du monde avaient adopté l'Agenda 2030 pour le développement durable, qui comprend un ensemble de 17 Objectifs de développement durable (ODD), et 169 cibles. Leur but ultime est de mettre fin à la pauvreté, lutter contre les inégalités et les injustices, faire face au changement climatique d'ici à 2030. Avant de présenter le contenu des ODD et leur internalisation par les États africains, il importe, tout d'abord, de retracer le processus cognitivo-politique ayant conduit à leur formulation et à leur validation.

Définition et processus de fabrication des ODD

Le concept objectif de développement durable est constitué de deux expressions : objectifs et développement durable. L'objectif, dans le contexte des ODD, précise les engagements prioritaires des États membres de l'ONU. Il contient également des renseignements sur le résultat souhaité, sur la mesure du résultat ainsi que sur la population ciblée. Il est généralement introduit par un verbe d'action (Ex. : soutenir, faciliter, contribuer, renforcer, optimiser, poursuivre, attirer, développer, intensifier, déployer, etc.)[192]. Quant au développement durable, la définition la plus usitée est celle du Rapport Brundtland de 1987, qui le présente comme « un développement qui répond aux besoins des générations présentes sans compromettre la capacité des générations futures de répondre aux leurs »[193].

S'il existe plusieurs conceptions du développement durable[194], un consensus s'est néanmoins établi sur le fait qu'il repose sur trois piliers principaux : l'économie, le social, et l'environnement. Revisiter l'historique de ce concept permet de suivre sa trajectoire conceptuelle jusqu'à l'avènement des ODD. Deux principaux aspects ressortent du processus de fabrication des ODD : le volet méthodologique, et le volet cognitif et normatif.

Sur le plan méthodologique et procédural, la formulation et la validation des OMD ont reposé sur deux piliers : les consultations populaires organisées dans une cinquantaine d'États du monde, et les travaux du groupe de réflexion sur les ODD. En effet, face au bilan mitigé des OMD, l'ONU avait organisé des consultations populaires pour un nouvel agenda post-2015. 50 pays avaient été retenus par le Secrétaire général des Nations Unies pour procéder à des consultations nationales permettant à leurs populations respectives de donner leur vision du développement futur du monde après 2015. L'un des objectifs desdites

---

[192] H. Trabelsi, « Les Objectifs du Développement durable (ODD) », in*ResearchGate,*2018,https://www.researchgate.net/publication/328338342.

[193] ***Notre avenir à tous,*** Commission mondiale pour l'environnement et le développement, édition du fleuve, publications du Quebec, 1987, Page 10.

[194] J. PEZZEY dans son ouvrage intitulé *Economic analysis of sustainable development,* a recensé plus de soixante définitions du concept dans la littérature économique. Pour plus de détails, lire, ***Economic analysis of sustainable development***, The world Bank, mars 1989,

consultations était d'apprécier le cadre référentiel des OMD, en termes d'avantages et de limites. Il en était ressorti que l'appréciation critique du cadre des OMD était influencée par des variables provinciales, comme le niveau de développement de la province et le contexte sociopolitique, selon qu'il y régnait un climat de paix ou d'insécurité.[195]Les résultats de cette enquête avaient fortement influencé le rapport du Secrétaire général de l'ONU intitulé, « une vie de dignité pour tous », publié en 2013.

En juillet 2014, les travaux du Groupe de travail sur les ODD s'étaient soldés par une proposition d'ODD soumise aux États membres, pour être adoptée officiellement en septembre 2015, lors de la 70e session de l'Assemblée générale des Nations Unies, sous la forme d'un document final intitulé « Transformer notre monde : le Programme de développement durable à l'horizon 2030 » : Un pacte universel portant sur 17 objectifs et 169 cibles. Le préambule du document identifie un socle commun organisé autour des « 5 P » : les Peuples, la Planète, la Prospérité, la Paix et le Partenariat. Les 17 objectifs (et leurs 169 cibles) sont ensuite précisés. Ils couvrent l'intégralité des enjeux du développement durable.

Sur le plan cognitif et normatif, les ODD puisaient à n'en point douter leur source dans le concept de développement durable. Celui-ci découlait d'une prise de conscience progressive au niveau mondial, de la nécessité de concilier les impératifs de développement à la protection de l'environnement, au regard de l'explosion du nombre de risques naturels et industriels, ainsi que des dégâts

---

[195] D. Keita, Droit international et développement durable en Afrique : le bilan mitigé des OMD et des partenariats pour le développement, Thèse de Doctorat en Droit, Université Panthéon-Sorbonne - Paris I, 2014, p.273.

écologiques subséquents[196]. Dans les pays en développement, il impliquait désormais la réalisation préalable d'études d'impact environnemental avant la mise en œuvre de tout projet de développement.

Si le développement durable était déjà conceptualisé dans le Rapport Brundtland d'avril 1987, et mis sous agenda international en termes d'objectifs dans le cadre des ODD en 2015, il n'en demeure pas moins vrai qu'il relevait d'une longue tradition de réflexion sur les effets néfastes des activités humaines sur l'environnement. Cette réflexion avait été peaufinée et affinée au cours de plusieurs conférences internationales dédiées à la protection de l'environnement. Si la tradition de la tenue des rencontres internationales sur les effets néfastes de l'activité humaine sur l'environnement remonte à la fin du XIXe siècle[197], l'on ne retient, dans le cadre de cette étude, que celles qui se sont tenues sous l'égide des Nations Unies. La première est sans doute la conférence de Stockholm de 1972.

Le premier sommet mondial organisé par les Nations unies en Suède du 05 au 16 juin 1972 peut être considéré comme le point de départ de la réflexion multilatérale sur les ODD, menée sous l'égide de l'ONU. C'est sur la base

---

[196] L'Afrique pour ne parler que d'elle, a souffert, en 2015, de 62 catastrophes naturelles, un chiffre inférieur à sa moyenne annuelle de 68 durant la période 2005-2014, la Somalie étant le pays le plus touché. Le nombre de victimes a atteint 30,9 millions de personnes, supérieur au nombre annuel moyen de victimes de catastrophes entre 2005-2014 qui est de 25,8 millions. Il est presque entièrement attribuable aux catastrophes climatiques avec près de 28 millions de victimes. En effet, les sécheresses ont fait le plus grand nombre de victimes, l'Éthiopie représentant à elle seule, 36,5% du total des victimes (10,2 millions) ; Les inondations survenues en Somalie et au Malawi ont causé respectivement le décès de 900 000 personnes et 639 000 personnes en 2015.

[197] Y. Veyret, *Le développement durable*, éditons Sedes, Paris, p. 432.

d'une proposition émise en juillet 1968 par le Conseil économique et social, que l'Assemblée générale de l'ONU avait décidé le 3 décembre 1968, de tenir, en 1972, une conférence des Nations Unies sur le « milieu humain »[198]. Elle avait connu la participation de 1400 délégués originaires de 114 pays, à une époque où les Nations unies ne comptaient que 131 États membres. Deux traits caractérisent la conférence de Stockholm. Non seulement elle était l'expression de la volonté de la communauté internationale de rompre avec les pratiques du passé en matière de développement économique, mais aussi, elle avait fait germer l'idée de trouver un nouveau modèle de développement qui prendrait la relève de celui qui était né avec l'industrialisation. Le but de cette grand-messe onusienne était donc d'attirer l'attention de tous les pays du monde sur l'impératif de la protection de l'environnement, et le nécessaire changement de paradigme de développement y afférent. Les débats avaient été structurés par trois commissions chargées chacune d'examiner deux des six questions de fond inscrites à l'ordre du jour[199].

La première commission avait reçu mandat de traiter des points suivants : « Aménagement et gestion des établissements humains en vue d'assurer la qualité de l'environnement » et « Aspects éducatifs, sociaux et culturels des problèmes de l'environnement et question de l'information ». La deuxième commission, quant à elle, examinait les questions suivantes : « Gestion des ressources naturelles du point de vue de l'environnement » et « Développement et environnement ». La troisième commission était en charge des thématiques ci-après : « Détermination des polluants d'importance internationale et

---

[198] A. Ch. Kiss, J.-D. Sicault. « La Conférence des Nations Unies sur l'environnement (Stockholm, 5/16 juin 1972) ». *Annuaire français de droit international*, volume 18, 1972. p.607.
[199]Ibid.

.e contre ces polluants » et « Incidences internationales, .r le plan de l'organisation, des propositions d'action ».

En dépit des divergences entre les pays industrialisés et les pays en voie de développement sur les enjeux de la protection de l'environnement, cette rencontre onusienne marquait le début de la prise de conscience environnementale planétaire, car elle donnait une impulsion déterminante dans certains domaines de la législation internationale sur la protection de la nature. À l'issue des discussions, la Conférence avait adopté en séance plénière, un certain nombre de textes présentés par les Commissions et par le Groupe de travail de la Déclaration sur l'environnement, non sans y avoir apporté des modifications substantielles.

Parmi ceux-ci : la Déclaration sur l'environnement adoptée par acclamation ; 109 recommandations formant un « plan d'action pour l'environnement » ; une longue résolution sur les dispositions institutionnelles et financières, et trois autres résolutions consacrées respectivement à la journée mondiale de l'environnement, aux essais d'armes nucléaires et à la deuxième conférence sur l'environnement dont la convocation était recommandée[200]. Elle consacrait également la création des premiers ministères nationaux en charge des questions environnementales, et la mise en place du programme des Nations unies pour l'environnement (ONU-Environnement)[201].

Du point de vue de son contenu, le développement durable tire assurément ses origines de la conférence de Stockholm. Plusieurs éléments attestent suffisamment ce

---

[200] A. Ch. Kiss, J.-D. Sicault. « La Conférence des Nations Unies sur l'environnement (Stockholm, 5/16 juin 1972) ». *Annuaire français de droit international*, volume 18, 1972, p.610.

[201] Th. Balzacq et als, *Manuel de diplomatie*, Paris, Presses de la Fondation nationale des sciences politiques, p.277.

point de vue. Pour s'en convaincre, l'on a qu'à se référer à deux principes de la déclaration de cette conférence. Le premier principe stipule que : « *L'homme a un droit fondamental à la liberté, à l'égalité et à des conditions de vie satisfaisantes, dans un environnement dont la qualité lui permet de vivre dans la dignité et dans le bien-être. Il a le devoir solennel de protéger et d'améliorer l'environnement pour les générations présentes et futures...* ». Le second principe postule que « *les ressources du globe, y compris l'air, l'eau, la terre, la flore, la faune et particulièrement les échantillons représentatifs des écosystèmes naturels doivent être préservés dans l'intérêt des générations présentes et à venir par une planification ou une gestion attentive selon que de besoin* ». On retrouve dans ces deux principes, le maillon le plus important de la définition du développement durable proposée par le rapport Brundtland, c'est-à-dire, « *un développement qui répond aux besoins des générations présentes sans compromettre la capacité des générations futures de répondre aux leurs* ».[202]

En effet, malgré les recommandations faites à Stockholm, la dégradation de l'environnement n'allait pas cesser de constituer un sujet de préoccupation majeure. À la tendance à l'épuisement des ressources naturelles non renouvelables (objet essentiel de la conférence de Stockholm), allaient s'ajouter des problèmes de production et de traitement des déchets industriels, de catastrophes naturelles, de la forte croissance démographique et de la pauvreté dans le monde. Tout cela posait de manière pressante le problème du modèle de développement fiable à même de préserver l'humanité de tous ces maux[203]. C'est dans ce contexte de pressions et de prédictions pessimistes

---

[202] V.Th. Bouangui, Le concept de développement durable : le cas de l'Afrique subsaharienne, Mémoire de DEA en Droit public, Université de Rheims Champagne-Ardenne, 1995.

[203] Ibid.

sur l'avenir de l'humanité qu'à l'occasion du dixième anniversaire du Sommet de Stockholm, l'ONU entreprit de dresser un état des lieux du développement et de l'environnement dans le monde. Dans ce dessein, l'Assemblée générale adopta la résolution 38/161 du 19 décembre 1983, portant création de la Commission des Nations Unies pour l'environnement et le développement (CNUED). Coprésidée par la Norvégienne Gro Harlem Brundtland[204] et le Soudanais Mansour Khalid[205], sa mission consistait à produire un rapport prospectif sur les perspectives environnementales à l'horizon 2000, et au-delà, assorti de recommandations pour un développement soutenable. Ledit rapport fut publié en avril 1987, sous le titre « *Our common future* ». L'enjeu principal de ce rapport était de susciter une plus grande prise de conscience collective en faveur d'un changement de paradigme de développement, et de concilier les points de vue des pays industrialisés et des pays en voie de développement sur cette question d'intérêt commun. Dans le sillage du Rapport Brundtland, l'ONU décida de la convocation d'autres assises internationales consacrées aux questions environnementales en rapport avec le développement. La première eut lieu au Brésil, en juin 1992.

Vingt ans après la conférence de Stockholm de 1972, les Nations unies avaient organisé du 3 au 14 juin 1992, à Rio de Janeiro (Brésil), une conférence mondiale sur l'environnement et le développement (CNUED). L'idée de tenir une seconde conférence mondiale sur l'environnement avait été lancée par la Suède et le Canada. Elle rassembla 108 Chefs d'État, 187 délégations, environ 10 000 délégués

[204] Femme politique norvégienne, Cheffe du Parti travailliste, Ministre de l'environnement de 1974 à 1978, Première ministre, et Directrice générale de l'OMS de 1998 à 2003.

[205] Vice-premier ministre (1976), ministre de l'éducation (1975-76), Président du conseil de sécurité de l'ONU...

gouvernementaux, plus de 400 organisations non gouvernementales (ONG) officiellement accréditées et près de 900 journalistes[206]. Les pays en développement avaient conditionné leur participation à l'inscription de la problématique du développement à son ordre du jour[207]. Elle poursuivit l'œuvre de législation internationale de l'environnement engagée à Stockholm, à travers l'adoption de cinq principaux instruments internationaux de régulation de l'environnement :

- la « Déclaration de Rio sur l'environnement et le développement » énonçait 27 principes qui consacraient l'articulation étroite entre la protection de l'environnement et le développement économique, en vue d'assurer le développement durable, à savoir :
- la « Déclaration de principes sur les forêts » ;
- le plan d'action « Agenda 21 », c'est-à-dire, un ensemble de directives pour l'environnement et le développement pour le 21e siècle, composé d'une déclaration de 27 principes et d'un programme d'action en 40 chapitres et environ 2500 recommandations. Les quarante chapitres sont répertoriés en 4 sections : Dimensions sociales et économiques (1), Conservation et gestion des ressources aux fins de développement (2), Renforcement du rôle des principaux groupes (3), Moyens d'exécution (4)[208] ;
- la Convention-cadre des Nations unies sur les changements climatiques (CCNUCC) qui comporte un très long préambule en 23 points et 26 articles ;

---

206 Balzacq et als, *Manuel de diplomatie*, p.277.

207 Ch. Barthod, « La conférence des Nations Unies sur l'environnement et le développement (Rio-de-Janeiro, du 3 au 14 juin 1992,) et de la foret, Courrier de l'Environnement de l'INRA, n°20, p.38.

208 H. Trabelsi, « Les Objectifs du Développement durable (ODD) », in *ResearchGate,*2018,https://www.researchgate.net/ publication/328338342

- la Convention sur la diversité biologique (CCD) qui comporte un préambule en 23 points et 42 articles[209]. Sur le plan institutionnel, le sommet réforma le Fonds mondial pour l'environnement, et marqua la création d'une nouvelle institution, la Commission du développement durable, pour assurer le suivi d'Action 21. Au-delà des textes et des institutions, la définition du développement durable contenue dans le rapport Brundtland, axée prioritairement sur la préservation de l'environnement et la consommation prudente des ressources naturelles non renouvelables, fut aussi validée et complétée par la définition des « trois piliers » qui doivent être conciliés dans une perspective de développement durable **: le progrès économique, la justice sociale, et la préservation de l'environnement[210].**

En décembre 2000, l'Assemblée générale des Nations Unies avait décidé de conduire une évaluation décennale de la CNUED en 2002, à l'occasion d'un nouveau sommet, en vue de redynamiser l'engagement mondial en faveur du développement durable. L'évaluation devait se focaliser sur les réalisations et les domaines nécessitant davantage d'efforts pour aboutir à des décisions orientées vers l'action. Le sommet en question s'était tenu du 26 août au 4 septembre 2002, à Johannesburg (Afrique du Sud) sous l'égide des Nations unies.

Baptisé *« Sommet mondial sur le développement durable »* (SMDD), le Sommet de la terre de Johannesburg avait réuni plus de 21 000 participants issus de 191 pays, composés de représentants de gouvernements,

---

[209] A. Ch. Kiss, S. Doumbé-Billé « Conférence des Nations Unies sur l'environnement et le développement (Rio de Janeiro-juin 1992) » *Annuaire français de droit international*, volume 38, 1992. pp. 823-843.

[210] E. Kwedi Mbeng, L'impact du rapport Brundtland sur les politiques de développement des Etats africains. Une approche socio-anthropologique des enjeux de la coopération Nord-Sud, Mémoire de Diplomatie, IRIC, 2014, p.85.

d'organisations internationales, d'ONG, du monde des affaires, de la communauté scientifique et de la société civile. Au terme d'intenses négociations, les délégations avaient procédé, non seulement à l'adoption de deux documents principaux, notamment, la Déclaration politique de Johannesburg sur le développement durable et le Plan d'action, mais aussi, au lancement de plusieurs initiatives de partenariats censés soutenir leur mise en œuvre[211]. La réflexion devait se poursuivre à nouveau à Rio de Janeiro, au Brésil, en 2012. Sous le nom de baptême « Rio+20 », la Conférence des Nations unies sur le développement durable 2012 eut lieu du 20 au 22 juin 2012, au Brésil. Elle s'inscrivait dans la continuité du Sommet de Rio de 1992, dont elle marquait le 20e anniversaire. Convoquée par la 64e Assemblée générale des Nations unies, deux principaux thèmes étaient inscrits à son ordre du jour : « l'économie verte dans le contexte du développement durable et de l'éradication de la pauvreté » et le « cadre institutionnel du développement durable ». Le sommet de Rio+20 introduisit le concept d'« économie verte » qui, d'après la déclaration intitulée *L'avenir que nous voulons* adoptée à cette occasion, est « un des moyens précieux dont nous disposons pour parvenir au développement durable » (paragraphe 56).

Du point de vue des innovations institutionnelles, la Commission du développement durable créée à Rio en 1992, avait été remplacée par un « Forum politique intergouvernemental de haut niveau », auquel participent des « décideurs de haut niveau », de façon à lui donner une visibilité et un pouvoir décisionnel accrus. En dépit des divergences apparues sur ces deux thématiques, la conférence Rio+20 procéda au lancement d'un processus

---

[211] A. Burnand et als, *Le plan d'action de Johannesburg*, Imprimerie "Le Pays", Porrentruy, 2003, p.8.

devant conduire à l'établissement d'Objectifs du développement durable (ODD).

Le contenu des ODD et leur internalisation en Afrique

Pour saisir le contenu des ODD, il convient tout simplement de les présenter. À la différence des OMD, les ODD étaient au nombre de 17, formulés comme suit :

Objectif 1 : éliminer la pauvreté sous toutes ses formes et partout dans le monde

Objectif 2 : éliminer la faim, assurer la sécurité alimentaire, améliorer la nutrition et promouvoir l'agriculture durable

Objectif 3 : permettre à tous de vivre en bonne santé et promouvoir le bien-être de tous à tout âge

Objectif 4 : assurer l'accès de tous à une éducation de qualité, sur un pied d'égalité, et promouvoir les possibilités d'apprentissage tout au long de la vie

Objectif 5 : parvenir à l'égalité des sexes et autonomiser toutes les femmes et les filles

Objectif 6 : garantir l'accès de tous à l'eau et à l'assainissement et assurer une gestion durable des ressources en eau

Objectif 7 : garantir l'accès de tous à des services énergétiques fiables, durables et modernes, à un coût abordable

Objectif 8 : promouvoir une croissance économique soutenue, partagée et durable, le plein-emploi productif, et un travail décent pour tous

Objectif 9 : bâtir une infrastructure résiliente, promouvoir une industrialisation durable qui profite à tous, et encourager l'innovation

Objectif 10 : réduire les inégalités dans les pays et d'un pays à l'autre

Objectif 11 : faire en sorte que les villes et les établissements humains soient ouverts à tous, sûrs, résilients et durables

Objectif 12 : établir des modes de consommation et de production durables

Objectif 13 : prendre d'urgence des mesures pour lutter contre les changements climatiques et leurs répercussions

Objectif 14 : conserver et exploiter de manière durable les océans, les mers et les ressources marines aux fins du développement durable

Objectif 15 : préserver et restaurer les écosystèmes terrestres, en veillant à les exploiter de façon durable, gérer durablement les forêts, lutter contre la désertification, enrayer et inverser le processus de dégradation des sols et mettre fin à l'appauvrissement de la biodiversité

Objectif 16 : promouvoir l'avènement de sociétés pacifiques et ouvertes aux fins du développement durable, assurer l'accès de tous à la justice et mettre en place, à tous les niveaux, des institutions efficaces, responsables et ouvertes

Objectif 17 : renforcer les moyens de mettre en œuvre le partenariat mondial pour le développement durable et le revitaliser[212].

Il ressort de cette présentation que les ODD s'inscrivaient dans le prolongement des OMD. Mais ils différaient sur quelques points essentiels des OMD. La première différence notable entre les OMD et les ODD se situait au niveau de leur nombre respectif, qui passait de 8 objectifs pour les OMD à 17 objectifs pour les ODD. Par ailleurs, les ODD étaient plus ambitieux, et se différenciaient des OMD par la prise en compte des trois

[212] Nations Unies (2015) « Projet de document final du sommet des Nations Unies consacré à l'adoption du programme de développement pour l'après-2015 » A/69/185-15-13689/, p.16.

volets (social, économique et environnemental) du développement durable. Ensuite, la mise en place d'indicateurs autres que le PIB pour mesurer correctement le bien-être et les progrès humains, l'élimination des inégalités et l'accent sur une gouvernance efficace étaient identifiés au nombre des priorités clés des ODD. Et, cette fois-ci, les objectifs étaient applicables à tous les pays, développés et en voie de développement. D'où leur transversalité.

Toutefois, l'opérationnalisation du développement durable sur le continent africain relève tout simplement de la gageure, notamment en ce qui concerne son volet économique et social. Au-delà des contraintes y afférentes, l'option des États africains dans le cadre de la mise en œuvre des ODD a été de s'engager résolument sur ceux qui sont susceptibles de produire plus d'impact, plutôt que de les embrasser tous à la fois. Par conséquent, c'est paradoxalement dans le volet environnemental que les États africains s'illustrent positivement[213]. Il n'est cependant pas sans intérêt de rappeler que le continent africain n'avait pas attendu les ODD pour se doter d'une diplomatie et d'une gouvernance environnementales.

Comprise comme la concertation des États africains dans le cadre de l'OUA sur la question de l'environnement, la diplomatie environnementale africaine s'inscrit dans le sillage des premières conférences des Nations unies pour l'environnement. Elle s'était traduite par des rencontres organisées de concert avec le PNUE et la CEA, à l'effet d'adopter une position commune africaine à défendre pendant les Conférences des Nations unies pour

[213] C'est le domaine dans lequel ils obtiennent des bonnes notes, si l'on s'en tient à la notation de l'OCDE.

l'environnement[214]. La gouvernance environnementale africaine, quant à elle, remonte aux années 1960, même si, jusqu'au début des années 1990, la problématique de la protection et de la préservation de l'environnement constituait l'une des pommes de discorde entre les pays industrialisés et les pays en voie de développement en général, et ceux d'Afrique en particulier. Depuis la conférence de Stockholm de 1972, les États africains dont l'empreinte environnementale est faible (4 %), en raison de leur bas niveau d'industrialisation, considéraient que le développement durable n'était qu'un stratagème imaginé par les pays développés pour freiner leur processus de rattrapage économique.

Mais « l'effet papillon »[215] des conséquences néfastes de la dégradation de l'environnement par les puissances industrialisées, conjugué avec l'action du PNUE dont le siège avait été fixé à Nairobi, et surtout, les conditionnalités des bailleurs de fonds internationaux, avaient finalement contraint les États africains à prendre conscience du fait que l'environnement est un bien commun collectif.[216]Aussi s'étaient-ils finalement convertis à l'évangile de la protection de l'environnement dans la perspective du développement durable, en mettant sur pied une gouvernance multiniveaux en matière environnementale. Pour ce faire, des initiatives étaient prises, des normes édictées, et des institutions mises sur pied à tous les

---

214 Pour plus de détails, lire, F. Omgba Owono, Le Cameroun et la diplomatie environnementale, 1964-2015, Thèse de Doctorat *P.hD* en Histoire, Université de Yaoundé I, 2021.

215 De manière simplifiée, désigne le fait qu'un acte posé, aussi négligeable soit-il, puisse produire des effets à des milliers de kilomètres. Dans le cas d'espèce, l'Afrique subit les effets néfastes du changement climatique alors qu'elle n'en est pas véritablement responsable.

216 Dans le sens où les conséquences de sa dégradation n'épargnent aucun pays, ni aucun continent.

échelons : régional, sous régional et national. Il est donc important de rappeler que la prise en compte du développement durable dans les politiques publiques de développement des États africains est bien antérieure aux ODD. Cela se vérifie tant au niveau de chaque État africain, qu'aux échelles sous-régionales et régionales.

Au plan régional, la politique africaine en matière environnementale est structurée autour de l'initiative environnementale du Nouveau Partenariat pour le Développement de l'Afrique (NOPADA)[217], et le Plan d'action environnemental africain, élaboré par l'Union africaine en vue de sa mise en œuvre. Le NOPADA, traduction française du *New Partnerhip for the African Development* (NEPAD) est une initiative africaine de développement née de la fusion du plan OMEGA de l'ancien président du Sénégal Abdoulaye Wade avec le *Milenium Arican Plan* (MAP) des anciens présidents du Nigeria Olusegun Obasanjo, d'Afrique du Sud Thabo Mbeki et d'Algérie Abdelaziz Bouteflika. Il avait été adopté en 2001, à Lusaka, en Zambie lors du sommet au cours duquel l'OUA fut transformée en Union africaine. Ses principaux secteurs d'activités étaient : l'agriculture, la bonne gouvernance politique et économique, les infrastructures, l'éducation, la santé, les nouvelles technologies de l'information et de la communication, l'énergie et l'environnement.

Dans le domaine de l'environnement, le NEPAD avait mis en place une initiative qui sert de référentiel politique de la mise en œuvre du développement durable sur le continent africain. Pour faciliter l'implémentation de celle-ci, l'Union africaine élaborait et validait, en juillet 2003, un Plan d'action environnemental africain et des stratégies y relatives. Élaboré selon un processus consultatif et

[217] UA/NEPAD, « Plan d'action environnemental africain », UNEP, 2002,

participatif ayant impliqué la Conférence des ministres africains de l'Environnement (CMAE) et le PNUE, ledit Plan d'action allait servir de référentiel stratégique devant outiller le continent africain pour qu'il puisse faire face à ses défis environnementaux, tout en luttant contre la pauvreté et en œuvrant pour le développement socioéconomique.

Selon Cheikh Fofana, Assistant du Secrétaire exécutif du volet environnement du NEPAD, ses objectifs globaux étaient les suivants : compléter les programmes de développement africains pertinents, y compris le programme de travail de la CMAE revitalisé afin d'améliorer les conditions environnementales en Afrique et de contribuer à réaliser la croissance économique et l'éradication de la pauvreté ; renforcer les capacités africaines pour garantir l'application des accords environnementaux internationaux et régionaux et faire efficacement face aux défis de l'environnement en Afrique dans un contexte de mise en œuvre du NEPAD[218]. Il s'agissait en somme, d'un package de 200 projets structurés par groupes en fonction des domaines et couvrant des secteurs prioritaires[219]et des questions transversales[220]. L'appropriation du Plan d'action environnemental africain par la communauté des États africains allait se traduire par de nombreuses initiatives communautaires et étatiques.

---

[218] Cheikh Fofana, « Le Plan d'action de l'Initiative Environnement du NEPAD », Assemblée générale RAOB-RIOB-RIOBT, disponible en ligne à l'adresse file:///2:/ODD2Fofana

[219] Parmi ceux-ci : la dégradation des sols, la sècheresse et la désertification, les zones humides, les espèces halogènes envahissantes, les ressources marines et côtières, le réchauffement de la planète, la conservation transfrontalières des ressources naturelles, le changement climatique.

[220] Il s'agit des problèmes connexes tels que la pollution, les forêts et les ressources génétiques végétales, l'eau douce, le développement des capacités et le transfert des technologies, la pauvreté.

Au niveau des Communautés économiques régionales (CER), l'exemple de « l'Initiative Grande Muraille verte Sahélo-Saharienne », adoptée lors de la 7e session de la Conférence de la Communauté des États sahélo-sahariens (CENSAD), tenue en juin 2005, à Ouagadougou (Burkina Faso), mérite d'être évoqué. Elle concerne 11 pays, à savoir le Sénégal, la Mauritanie, le Mali, le Burkina Faso, le Niger, le Nigeria, le Tchad, le Soudan, l'Éthiopie, l'Érythrée et Djibouti. Elle traduisait la volonté des pays concernés de constituer un front commun de lutte contre la désertification et l'insécurité alimentaire. De façon plus concrète, elle visait à développer une approche novatrice et inclusive mettant en synergie les actions de lutte contre la désertification et des effets néfastes des changements climatiques, de restauration des terres, de conservation de la biodiversité, de développement des systèmes de productions agricole et pastorale aux fins de promouvoir la création des richesses au profit des populations. S'apercevant de l'ampleur géographique et du potentiel de développement et de lutte contre la pauvreté d'un tel projet, l'Union africaine avait décidé d'endosser l'initiative lors de sa 8e session ordinaire, tenue les 29 et 30 janvier 2007, à Addis-Abeba, en Éthiopie.

Outre la CENSAD, l'action de la Communauté économique des États de l'Afrique centrale (CEEAC) dans la gestion durable des ressources naturelles et de la biodiversité du bassin du Congo était aussi emblématique de l'arrimage des CER au Plan d'action environnemental africain. Régie par le Plan de Convergence pour la conservation et la gestion durable des écosystèmes forestiers d'Afrique centrale adopté en 2003 et révisé en juillet 2014[221], cette action allait se traduire par des

---

[221] Le Plan de convergence est l'ensemble des mesures de conservation et de gestion durable des écosystèmes forestiers ; exécutées aux niveaux sous-régional et national. Pour plus de détails, lire, Commission des

initiatives telles que : le Programme d'Appui à la Conservation des Écosystèmes du bassin du Congo (PACEBCO) et le Programme des Écosystèmes forestiers d'Afrique centrale (ECOFAC)[222].

À l'échelle étatique, en phase avec les orientations de l'initiative environnementale du NEPAD et son Plan d'action de mise en œuvre, et les diverses initiatives sous-régionales y relatives, la quasi-totalité des États d'Afrique subsaharienne s'étaient dotés chacun, d'un plan d'action pour la protection et la préservation de l'environnement. Certes, les Plans nationaux d'action pour l'environnement (PNAE) datent de la fin des années 1980, et étaient une inspiration de la Banque mondiale. Ils se sont répandus en Afrique subsaharienne dans le sillage de la mise en œuvre du Plan d'action de l'Union africaine et des politiques sous-régionales corrélées[223]. C'est surtout l'influence des accords multilatéraux internationaux sur l'encadrement juridique des États africains en matière de promotion du développement durable qui allait servir de catalyseur.

En effet, sur le plan normatif, la mise en œuvre du développement durable par les États africains remontait à la

---

Forets d'Afrique centrale (COMIFAC), Secrétariat exécutif, « Plan de Convergence pour la conservation et la gestion durable des écosystèmes forestiers d'Afrique centrale », Yaoundé, Juillet 2004.

[222] Il convient de préciser que ces initiatives communautaires pilotes bénéficient également de l'appui de quelques autres programmes internationaux tels que le Programme de Réduction des Émissions dues à la Déforestation et à la Dégradation des forets (REDD+) et le Programme Régional d'Afrique centrale pour l'Environnement (CARPE).

[223] Par exemple, pour ce qui est de la CEEAC, chaque État qui en est membre élabore son Plan national de convergence sur la base des axes stratégiques du Plan régional de convergence. Pour plus de détails, lire, F.R.Kouoh, L'action de la CEEAC dans la gestion durable des ressources naturelles et de la biodiversité du bassin du Congo, Mémoire de Master en Relations Internationales, Université de Yaoundé II-IRIC, 2019.

deuxième moitié des années 1960, et s'était traduite, non seulement par la ratification des conventions internationales de protection de l'environnement, mais aussi, par l'adoption des lois nationales et régionales dédiées à la même cause. Sur le premier point, la quasi-totalité des États subsahariens avait ratifié les textes internationaux de protection de l'environnement ci-après :

- la Convention sur la diversité biologique (CDB) qui a un triple objectif : la conservation de la biodiversité, l'utilisation durable de ses composantes et le partage juste et équitable des avantages résultant des ressources ;
- le Protocole de Carthagène sur la Biosécurité en 2000, qui est un instrument de mise en œuvre de la CDB ;
- la convention sur le commerce international des espèces de faune et de flore sauvages menacées d'extinction[224];
- la Convention de Ramsar de 1971[225];
- la Convention sur les espèces migratoires (CEM) de 1979 ;
- la Convention pour la protection du patrimoine mondial, culturel et naturel (CHM) ;
- la Convention-cadre des Nations Unies sur les changements climatiques (CCNUCC) de 1992 ;
- le Protocole de Kyoto de 1997.

Sur le deuxième point, certes, l'intérêt des États africains pour la protection de l'environnement remontait à la deuxième moitié des années 1960, comme en témoigne la Convention africaine pour la conservation de la nature et des ressources naturelles adoptée à Alger en 1968, lors du cinquième sommet de l'OUA[226]. Mais il convient de

---

224 CITES, 1973.

225 Nom donné à la Convention relative aux zones humides d'importance internationale particulière.

226 Elle a été révisée, étoffée et actualisée en 2003. Pour en savoir plus, lire, Mohammed Ali Mekouar, « Le texte révisé de la Convention

reconnaître que les accords multilatéraux internationaux ci-dessus cités ont énormément influencé l'encadrement normatif en matière de protection de l'environnement aux niveaux étatique et sous-régional.

En Afrique centrale, l'on peut par exemple citer le traité relatif à la conservation et à la gestion durable des écosystèmes forestiers d'Afrique centrale, signé par les Chefs d'État et de gouvernement de 10 États de la sous-région au cours de leur deuxième sommet tenu le 05 février 2005 à Brazzaville. En Afrique de l'Est, l'on note la Convention de Nairobi de 1985 sur la protection, la gestion et la mise en valeur du milieu marin et côtier de la région de l'Afrique de l'Est. Au plan national, les lois fondamentales de nombreux États africains, plus précisément ceux appartenant à la sphère francophone, ont inscrit la protection de l'environnement au rang de principe cardinal. Le Préambule de la Constitution camerounaise du 18 janvier 1996 stipule, par exemple, que « toute personne a droit à un environnement sain. La protection de l'environnement est un devoir pour tous. L'État veille à la défense et à la promotion de l'environnement ». Par ailleurs, une quarantaine d'États africains disposent de lois nationales traitant spécifiquement des questions environnementales. Le modèle de la loi-cadre est très prisé[227]. Une douzaine d'États africains (surtout francophones) régulent la protection de leur environnement

africaine sur la conservation de la nature et des ressources naturelles : petite histoire d'une grande rénovation », in Environnemental Picy and Law, 2004, p.34.

[227] E.G. Moutondo, « Lois cadres environnementales des pays d'Afrique francophone », article réalisé pour le compte du PNUE dans le cadre du projet de partenariat pour le développement du droit et des institutions de l'environnement en Afrique (PADELIA).

et assurent la protection de leurs ressources naturelles par des Lois-cadres environnementales[228].

Le dispositif institutionnel de mise en œuvre du développement durable en Afrique indique à quel point la question taraudait les dirigeants africains. Sur le plan national, la quasi-totalité des États subsahariens dispose d'un ministère en charge des questions environnementales et du développement durable. C'est le cas du Cameroun avec son ministère de l'environnement, de la protection de la nature et du développement durable (MINEPDED) ; la Côte-d'Ivoire avec le Ministère de l'Environnement et du Développement durable ; le Gabon avec son ministère de l'environnement et du tourisme.

Au niveau régional était instituée une Conférence des ministres africains de l'Environnement (CMAE). Dans les CER, l'on peut noter les structures et institutions communautaires suivantes :

- la Commission des forêts d'Afrique centrale (COMIFAC) ;
-le Centre des prédictions et des applications climatiques (IGAD-ICPAC) ;
- le Centre de surveillance de la sècheresse de la SADC (SADC-DMC) ;
- l'Initiative du bassin du Nil (NBI) ;
- l'Observatoire du Sahara et du Sahel (OSS) ;
- la Commission du bassin du lac Victoria (LVBC) ;
- la Conférence sur les écosystèmes de forêts denses et humides d'Afrique centrale (CEFDHAC) ;
- la Commission climat de la Commission du bassin du Congo ;
- l'Organisation pour la conservation de la faune sauvage en Afrique (OCFSA) créée en 1983 ;

[228] Parmi ceux-ci : le Burkina-Faso, le Burundi, le Cameroun, le Congo-Brazzaville, la Côte-d'Ivoire, la République centrafricaine, le Burundi, Djibouti, le Gabon, le Mali, le Niger, le Rwanda et le Sénégal.

- le Réseau des aires protégées d'Afrique centrale (RAPAC) créé en mai 2000, à Yaoundé ;

- l'Agence internationale pour le développement de l'information environnementale, créée en 1997.

À cette inflation institutionnelle, l'on peut ajouter le florilège des Organisations non gouvernementales de l'environnement qui fleurissent sur l'ensemble du continent africain[229]. La dynamique de regroupement et de fédération qui les anime en fait une véritable société civile écologique africaine. Au niveau continental, l'on peut citer le Forum des Organisations volontaires africaines de Développement (FOVAD), dont le siège est à Dakar, et la Société africaine de Droit de l'Environnement (SADE), dont le siège se trouve à Yaoundé au Cameroun.

Aux plans nationaux, les exemples de la fédération des ONG de l'Environnement du Cameroun (FONGEC), du Collectif National des ONG du Gabon (CNONG), de la Fédération congolaise des ONG de Développement et d'Environnement (FEGONDE), du Collectif inter-ONG de Centrafrique (CIONGCA) sont emblématiques de cette dynamique de regroupement. Au-delà de ces aspects politico-institutionnels et normatifs de la mise en œuvre du développement durable sur le continent africain, il est impératif de questionner les chances de succès des ODD dans un contexte d'échec des initiatives internationales de développement antérieures. Étant donné que le procès du développement a déjà été largement instruit[230], il est sans intérêt de s'engouffrer davantage dans les sempiternelles controverses idéologico-politiques suscitées par le développement en général et le développement durable en

---

[229] Y. Fouda et P. Bigombe Logo, « La prolifération des acteurs environnementaux : états des lieux », Yaoundé, GTZ/MINEF, octobre 2000, p.12.

[230] Voir par exemple l'école de l'« anti-développement », animée par des auteurs tels que Gilbert Rist, Serges Latouche

particulier[231]. Il convient, plutôt, d'analyser les défis et les contraintes de son opérationnalisation dans le contexte africain.

Dans le sillage de Jean-Pierre Olivier de Sardan, il est évident, qu'en dépit de toutes les controverses qu'il continue d'alimenter du fait de ses échecs en Afrique, et de ses conséquences néfastes sur le plan environnemental, le développement est d'abord un objet d'étude[232]. Cette définition non normative du développement ne signifie pas bien sûr qu'il faut se désintéresser de tout jugement moral ou politique sur les diverses formes de développement. Loin de là, mais c'est un autre problème. Encore que le défi écologique africain étant bel et bien réel, qu'il soit « endogène », « autocentré » ou alors « communautaire », le développement de l'Afrique ne peut plus faire abstraction des questions environnementales. Le défi écologique étant d'actualité, les contraintes de la mise en œuvre du développement durable en Afrique sont immenses.

Les Défis de la mise en œuvre du développement durable en Afrique : mettre à jour le logiciel de la gouvernance de développement

De par ses implications théoriques et pratiques, il va de soi que l'implémentation du développement durable sur le continent africain bute sur un ensemble de freins et de contraintes, tant endogènes qu'exogènes. Plusieurs travaux,

---

[231] Pour en savoir davantage sur cette controverse, lire par exemple : Serges Latouche, « Développement durable : un concept alibi. Main invisible et mainmise sur la nature », *Revue Tiers Monde*, Tome XXXV, n°137, pp.77-94 ; Sylvie Brunel, *À qui profite le développement durable ?,* Paris, Larousse, 2008.

[232] J.-P. Olivier de Sardan, « Le développement comme champ politique local », *Bulletin de l'APAD*, juin 1993, Consulté le 12 septembre 2016. A l'URL : http://apad.revues.org/2473.

à l'instar de ceux de Vincent Thierry Bouangui[233] et Franck Roger Kuoh,[234] s'y sont tellement penchés que point n'est besoin d'y revenir de long en large. Soulignons tout simplement que, parmi le florilège des contraintes endogènes, il y a : la dépendance des pays africains aux ressources naturelles, la croissance démographique exponentielle, la question du financement des initiatives stratégiques, le non-accès des pays africains aux technologies non polluantes, la pauvreté ambiante, les pesanteurs socioculturelles, les problèmes écologiques, le souverainisme des États, la différence entre les régimes juridiques pouvant conduire à des situations conflictuelles, le problème de la coordination technique des initiatives sous-régionales, les lacunes administratives, la persistance des vides juridiques et des lacunes dans les textes existants. Au plan exogène, ces auteurs avancent : le transfert des technologies polluantes en Afrique par les pays industrialisés, la tendance des pays industrialisés à considérer l'Afrique comme le dépotoir de leurs déchets industriels, le dédain et le refus des pays développés à souscrire aux mesures de compensation prévues par les textes internationaux de protection de l'environnement. L'ampleur de ces contraintes laisse penser que le développement durable pose de nombreux défis, tant au continent africain, qu'aux pays industrialisés. Surmonter ces obstacles revient à les relever de façon concertée.

De notre point de vue, ceux-ci se résument à la mise à jour du logicien africain de gouvernance de développement. Il s'agit de rompre avec le modèle de développement rentier

[233] V.Th. Bouangui, Le concept de développement durable : le cas de l'Afrique subsaharienne, Mémoire de DEA en Droit public, Université de Rheims Champagne-Ardenne, 1995.

[234] F.R. Kouoh, L'action de la CEEAC dans la gestion durable des ressources naturelles et de la biodiversité du bassin du Congo, Mémoire de Master en Relations Internationales, Université de Yaoundé II-IRIC, 2019.

qui repose essentiellement sur la prédation des ressources du sol et du sous-sol, pour s'inscrire résolument dans le paradigme de la création des richesses non naturelles, à travers une industrialisation conséquente et respectueuse de l'environnement[235]. Tel est le sens à donner à la durabilité en contexte africain. En effet, depuis 1960, l'expérience africaine de développement met en évidence un paradigme néocolonial qui perpétue la rente en lieu et place de la production des richesses non naturelles. Il postule que l'essentiel de la richesse produite provient non seulement du sol et du sous-sol (donc du secteur primaire),[236]à travers des concessions (souvent floues) à des multinationales étrangères pour la plupart, mais aussi de l'assistanat international, conceptuel, technique, financier et matériel.

En vertu de cette orientation du développement, les matières premières agricoles, pastorales et minières contribuent majoritairement à la formation du produit national brut, et constituent le principal secteur pourvoyeur de devises étrangères dans la quasi-totalité des pays subsahariens. Ainsi, 35 pays africains sur 54 ont une dépendance envers les matières premières sans transformation à plus de 80 %[237]. Ce sont, pour la plupart, des économies de « cueillette » basées sur les activités agro-

---

[235] Il est de notoriété publique que l'industrie joue un rôle modeste dans les pays africains. La part de la valeur ajoutée manufacturière (VAM) dans le PIB n'a eu de cesse de diminuer, atteignant 10 % en 2012 contre 12,8 % en 2000. La part des biens manufacturés dans les exportations totales de l'Afrique a aussi baissé. Sa part dans la VAM mondiale était de 1 % en 2012 (soit environ cent milliards de dollars). Ni les politiques industrielles adoptées pendant la période 1960-1975 ni ensuite les réformes axées sur les mécanismes de marché et les conditions d'investissement n'ont suffi à provoquer un développement industriel.

[236] Le secteur primaire comme on le sait renvoi à l'agriculture, l'élevage et assimilés, mais aussi à l'extraction minière brute.

[237]C. Lopes, *L'Afrique est l'avenir du monde. Repenser le développement (trad)*, Paris, Seuil, 2021.

sylvo-pastorales, et sur l'exploitation pétrolière et l'extraction minière[238].

En fait, ce paradigme repose sur le pseudo-postulat selon lequel, le sous-sol africain regorge de suffisamment de ressources naturelles pour assurer la prospérité économique et le bien-être des populations, et que les *royalties* issues des matières premières suffiraient à faire durablement le bonheur d'une nation. Pourtant, à moins de le faire soi-même, l'exploitation des matières premières rapporte d'abord aux investisseurs étrangers dans le cas d'espèce, et ne laisse que des miettes aux pays africains (qu'il faut cependant bien gérer pour l'intérêt général et non égoïste). L'État-providence africain n'a qu'à bien gérer les miettes tirées de l'exploitation des ressources naturelles pour que le développement suive. C'est ainsi que, depuis les indépendances africaines, les générations actuelles d'Africains n'ont de cesse de consommer et d'épuiser la presque totalité des revenus provenant des matières premières. Pourtant, sous d'autres cieux, à l'instar de l'Europe, les générations actuelles des pays tels que la Norvège[239] ne jouissent que des intérêts produits par les Fonds souverains et les placements des recettes pétrolières. Au Canada, un Fonds des générations futures avait été mis sur pied. Il est alimenté par la redevance précomptée sur les factures d'électricité, les prélèvements sur certains impôts, et les taxes minières.

---

[238] V.Th. Bouangui, Le concept de développement durable : le cas de l'Afrique subsaharienne, Mémoire de DEA en Droit public, Université de Rheims Champagne-Ardenne, 1995.

[239] Le *Governement Pension Fund-Global* (*Statens pensjonsfond Utland - en norvégien* Fonds de pension gouvernement-Etranger en français) s'appelait préalablement *Government Petroleum Fund (Stetens petroleums fond* en norvégien, Fonds gouvernemental pour le pétrole en français). Il est effectivement basé sur la ressource pétrolière et est le plus grand du monde par capitalisation.

En Afrique, en dehors du Tchad qui avait inscrit cette contingence dans sa stratégie d'exploitation du pétrole sous la pression des Institutions financières internationales[240], il y a une sorte de crime intergénérationnel qui consiste pour les générations actuelles, à dilapider l'essentiel des ressources financières issues du pétrole par exemple, alors que celles-ci devaient être investies dans la construction d'une infrastructure éducative et formative de qualité, à l'effet, non seulement de générer des compétences, des génies, voire des savants qui pourront trouver des solutions de développement quand il n'y aura plus de pétrole, mais en plus, permettront au continent de faire sa mise à niveau dans un monde où ceux qui ne maitrisent pas les sciences et la technologie accuseront toujours un retard de développement. Dans ces conditions, les matières premières devraient nourrir les matières grises, pour que celles-ci prennent le relais quand celles-là se seront raréfiées ou épuisées. Le « gâteau national » ne sera plus perçu comme la soupe populaire ou la communion à distribuer à tous, au nom d'un partage équitable, ou de la charité nationale. Les ressources nationales sont à investir d'abord dans l'acquisition des savoirs et des savoir-faire, et l'appropriation des technologies. Il s'agit, en somme, de bâtir des cités de savoir et de savoir-faire.

[240] En 2003, le Tchad avait adopté une loi pour une gestion transparente de la ressource pétrolière en créant un Fonds pour les générations futures. 10 % des revenus pétroliers tirés de l'exploitation par le consortium Chevron-Esso-Petronas devaient être transférés sur un compte d'épargne auprès d'une institution financière internationale. C'était avant la crise du Darfour. La Banque mondiale avait accepté de financer l'oléoduc Doba- Kribi en contrepartie d'une loi pour encadrer la loi sur la redistribution de profits pétroliers : 80 % devaient aller à la santé, à l'éducation et à l'environnement ; 10 % devaient être placés à Londres pour assurer le financement des besoins des générations futures. En 2005, la reprise de la guerre et l'augmentation des dépenses militaires avaient rendu caduque l'initiative.

Le développement durable implique un processus de changement dans lequel l'exploitation des ressources naturelles, le choix des investissements, l'orientation du développement technique doivent être déterminés en fonction des besoins des générations tant actuelles que futures. Il a le mérite de rappeler aux Africains que les ressources financières issues de l'exploitation des matières premières n'appartiennent pas aux seules générations présentes, mais aussi, aux générations futures. Il commande ainsi une consommation modérée des énergies fossiles (pétrole, charbon, gaz naturel), et la gestion des déchets industriels dans une optique de durabilité. Il est donc par exemple question de réduire la consommation de ces énergies en ayant recours à des substituts comportant moins de risques pour l'environnement, tels que l'énergie géothermique, l'énergie marémotrice, l'énergie éolienne et l'énergie solaire, etc.

S'il est un fait que le potentiel de l'Afrique en la matière est avéré, un autre est que seules l'innovation africaine et son génie créateur, sont à même de délivrer ce continent du « fantasme de l'État providence », pour le faire entrer résolument dans la logique de la création des richesses non naturelles, dans le strict respect de l'environnement. Ce défi est certes celui des gouvernants actuels et à venir, mais il est aussi et surtout, celui des intellectuels et chercheurs africains[241] du continent, et de la diaspora. C'est à eux qu'incombe la charge de concevoir et proposer à leurs États respectifs, des stratégies réflexives et opérationnelles pour le relever.

De manière générale, le développement durable offre à l'Afrique l'opportunité de modifier sa trajectoire de

[241] Au sens large du terme, c'est-à-dire, incluant, non seulement les diplômés des Grandes écoles et des Universités, mais également tous ceux qui sont détenteurs d'un savoir ou d'un savoir-faire pouvant servir la cause du développement de l'Afrique.

développement, non seulement à travers une consommation modérée, mais optimale de ses matières premières par le biais de la transformation sur place et de la création de la valeur ajoutée, mais également, à travers un changement radical de son logiciel de gouvernance de développement, en termes d'investissement des revenus tirés de cette transformation. Ce qui remet donc au goût du jour deux problématiques fondamentales du développement de l'Afrique : l'industrialisation, et par ricochet, la question énergétique, et la redistribution des fruits de la croissance économique. L'industrialisation a trait à la problématique de l'exploitation des matières premières dans une optique de rentabilité intérieure, et de création sur place de la valeur ajoutée, tandis que la redistribution des fruits de la croissance adresse l'épineuse question des inégalités socioéconomiques.

Sur le premier point, les théories économiques sont unanimes sur le fait que l'industrialisation a un effet multiplicateur sur l'emploi et le revenu, et donc, un impact positif sur la société. Par exemple, chaque emploi créé dans le secteur manufacturier génère 2,2 emplois dans d'autres secteurs connexes. Ceci représente à la fois un défi et une aubaine pour les États africains, dont la population est essentiellement jeune et donc, demanderesse d'emplois décents.

Sur le deuxième point, il est admis, en effet, que l'Afrique est le continent le plus inégalitaire, tant du point de vue des inégalités entre les pays, qu'à celui des inégalités socioéconomiques à l'intérieur des États. En matière de transformation sur place des matières premières, l'ensemble des États d'Afrique subsaharienne devraient suivre l'exemple du Gabon qui, depuis la conférence de Copenhague sur le climat, avait pris la décision courageuse de ne plus exporter son bois à l'état de grumes. Ils doivent résolument s'engager dans la voie de l'adaptation planifiée, en intégrant la préservation de l'environnement dans leurs politiques publiques de développement, et en mettant sur pied des projets intégrateurs d'adaptation au niveau des CER.

Plutôt que de s'émouvoir au point de combattre de telles initiatives, les pays industrialisés, et donc développés, devraient encourager et soutenir les États africains à intégrer l'impératif de protection de l'environnement dans leurs stratégies de développement, tant aux niveaux nationaux, que sous-régionaux. Cela implique, non seulement le respect des engagements financiers pris dans le cadre des différentes conférences des parties sur le climat (COP), à l'effet de permettre aux États africains de faire face à l'impératif de l'adaptation, mais aussi, le soutien à l'innovation technologique africaine. Dans la configuration actuelle des rapports de force, seul un front uni des États africains dans les négociations internationales et multilatérales y relatives est à même de contraindre les pays développés et principaux pollueurs à respecter leurs engagements.

Last but least, seule l'innovation africaine, portée par une jeunesse citoyenne et engagée dans l'entrepreneuriat, soutenue par un partenariat international sincère, permettra aux Africains de relever le défi technologique lié à l'implémentation du développement durable, pour leur propre bien, et celui de l'humanité tout entière.[242]

En somme, l'Afrique ne pourra pas relever l'ensemble des défis de développement qui se posent à elle, sans s'inscrire dans une optique de durabilité, à travers une mise à jour de son logiciel de gouvernance de développement : le défi écologique (changement climatique et ses corollaires) le défi démo-politique (la démographie

---

[242] Il convient par exemple de rappeler qu'avec le bassin du Congo, l'Afrique est le dernier et l'unique rempart de l'humanité.

galopante et ses corollaires), le défi socio-économique (la pauvreté, les inégalités socio-économiques et leurs corollaires), le défi sanitaire et le défi sécuritaire (l'explosion des menaces sécuritaires protéiformes).

CONCLUSION

Des journées de l'Afrique aux Objectifs de développement durable (ODD), en passant par les années, les décennies pour l'Afrique et les OMD, l'ONU conçoit inlassablement des thérapies aux maux socioéconomiques qui minent le continent africain. Ses diverses initiatives en la matière font d'elle l'une des matrices multilatérales de l'internationalisation du développement depuis la fin de la Seconde Guerre mondiale. Le développement humain qu'elle s'efforce de promouvoir *cahin-caha* la distingue quelque peu des autres thaumaturges extérieurs du développement qui défilent sans cesse au chevet de l'Afrique depuis 1960. Son approche du développement des hommes par les hommes et pour les hommes explique la diversité de ses initiatives en vue de promouvoir le développement en Afrique. Celles-ci englobent la quasi-totalité des domaines de la vie humaine : économie, santé, éducation, loisirs, infrastructures, finances, emplois, etc.

Certes, l'ONU n'a pas vocation à régler toute seule l'ensemble des problèmes de développement du continent africain, mais le marasme économique actuel de la plupart des pays les moins avancés de ce continent indique néanmoins que le bilan de cet acharnement thérapeutique onusien de type développementaliste n'est pas élogieux. Plus d'un demi-siècle après la mise sur pied des décennies du développement de l'Afrique, il est curieux de constater que la quasi-totalité des États africains qui constituaient déjà la catégorie des pays sous-développés n'a toujours pas intégré le cercle des pays développés.

Si l'ONU assume comme elle peut, et à hauteur de ses moyens sa part du « fardeau » du développement de l'Afrique, à travers son florilège de thérapies qui montrent son engagement inlassable en faveur de l'avenir et du devenir de ce continent, sa médication n'en est pas moins inefficace. Il ressort de cette étude que les raisons de cette inefficacité incombent à trois facteurs : d'abord les dysfonctionnements du système onusien, ensuite les blocages des pays développés et industrialisés, enfin les tares et avatars de la gouvernance des États africains.

Pour ce qui est de l'ONU elle-même, l'on a pu noter des problèmes de coordination entre ses différentes agences spécialisées qui opèrent en Afrique, la faible mobilisation des ressources financières, la préférence de l'approche *bottom up* au détriment de l'approche *top down,* le manque d'innovation. Bien plus, si la conception onusienne du développement tranche quelque peu avec celle des autres institutions internationales qui opèrent dans le champ du développement en Afrique, notamment le FMI et la Banque mondiale, son mode opératoire ne la démarque pas fondamentalement de la logique assistancialiste et expertocratique des institutions de Bretton Woods et des bailleurs de fonds, membres de l'organisation de coopération et de développement économique (OCDE).

S'agissant des pays développés et industrialisés, ceux-ci rechignent à donner à l'ONU les moyens dont elle a besoin pour accomplir efficacement sa mission de promotion du développement en Afrique. Ils sont plus préoccupés par la défense et la préservation de leurs intérêts géopolitiques, géostratégiques et géoéconomiques que par le développement de l'Afrique. Pour preuve, en dehors des pays scandinaves qui font des efforts considérables et appréciables en la matière, les autres pays développés d'Occident n'arrivent pas à respecter la recommandation onusienne de consacrer au moins 1 % de leur PNB à l'aide publique au développement des pays africains. Ils privilégient le partenariat bilatéral et prennent quelquefois des mesures qui contrarient les initiatives onusiennes.

Quant aux tares de la gouvernance africaine, il en ressort une absence de priorisation, des défaillances techniques, structurelles, organisationnelles, infrastructurelles et opérationnelles, sans oublier la prégnance des logiques politiciennes, et surtout, l'absence d'une vision propre en matière de développement, et la surestimation des vertus de l'assistance internationale pour le développement. Les États africains doivent impérativement mettre à jour leur logiciel de gouvernance du développement, à l'effet d'inscrire l'exploitation de leurs ressources naturelles dans une optique de durabilité, et réduire drastiquement les inégalités socioéconomiques.

Au demeurant, il conviendrait d'approfondir, par des études empiriques et dans une perspective comparatiste, l'impact différentiel de chacune des initiatives onusiennes de promotion du développement en Afrique. Il serait aussi intéressant de se pencher non seulement sur les interactions entre le PNUD et les autres parties prenantes extérieures du développement en Afrique, mais aussi sur sa collaboration avec les acteurs endogènes du développement (gouvernements, opérateurs économiques, citoyens, etc.). La perception que les acteurs locaux gouvernementaux et de la société civile ont de cette activité développementaliste onusienne mérite également de faire l'objet d'études approfondies.

BIBLIOGRAPHIE

A-Ouvrages

Amin Samir, *La Faillite du développement en Afrique et dans le Tiers-Monde*, Paris, L'Harmattan, 1989.

Azoulay Gérard, *Les théories du développement. Du rattrapage des retards à l'explosion des inégalités*, rennes, Presses universitaires de rennes, 2002.

Balzacq Thierry, Charillon Frédéric, Frédéric Ramel, *Manuel de diplomatie*, Paris, Presses de la Fondation nationale des sciences politiques, 2018.

Baré Jean François (dir.), *Regards interdisciplinaires sur les politiques de développement*, Paris, L'Harmattan, 1997.

Berr Éric, Harribey Jean Marie, *Le développement en question*, Paris, Presses universitaires de Bordeaux, 2006.

Brasseuil Jacques, *Introduction à l'économie du développement*, Paris, Armand Colin, 1993.

Dagbo Gode Pierre, *La diplomatie africaine. Théorie et Pratique*, Paris, L'Harmattan, 2014.

Daudet Yves (dir.), *Les Nations Unies et le développement : le cas de l'Afrique*, Paris, Pédone, 1993.

De Rivero Oswaldo, *Le mythe du développement. Les économies non viables du 21e siècle* (trad.), Paris, Éditions Charles Léopold Mayer, 2003.

De Sardan Jean-Pierre Olivier, *La revanche des contextes. Des mésaventures de l'ingénierie sociale, en Afrique et au-delà*, Paris, Karthala, 2021.

Easterly William, *Les pays pauvres sont-ils condamnés à le rester* ? Paris, Nouveaux Horizons, 2006.

Ebalè Raymond, *Le concept de développement. Fondements historiques et débats,* Yaoundé, Litchasonic Formations, 2012.

Guichaoua André (dir.), *Questions de développement. Nouvelles approches et enjeux*, Paris, L'Harmattan, 1996.

Guichaoua André et Gaussault, Yves *Sciences sociales et développement,* Paris, Armand Colin, 1993.

Ki-Zerbo Joseph (dir.), *La natte des autres : pour un développement endogène en Afrique : actes du colloque du Centre de recherche pour le développement endogène (C.R.D.E.),* Bamako 1989, CODESRIA, 1992.

Latouche Serges, *Faut-il repenser le développement*, Paris, P.U.F, 1986.

Lavoie Yves-jean, *La gestion étrangère du développement de l'Afrique*, Québec, Presses de l'Université du Québec, 1985.

Lopes Carlos, *L'Afrique est l'avenir du monde*, Paris, Seuil, 2021.

Matagne Patrick, (dir.), *Le développement durable en question*, Paris, L'Harmattan, 2007.

Mbaya Kankwenda, *Marabouts ou Marchands du développement en Afrique ?,* Paris, L'Harmattan, 2000.

Nabukpo Kako, *L'Urgence africaine. Changeons le modèle de croissance*, Paris, Odile Jacob, 2019.

Pondi Jean-Emmanuel (dir.), *L'ONU vue d'Afrique*, Paris, Maisonneuve/Larose, 2005.

Rist Gilbert, *Le développement, histoire d'une croyance occidentale*, Paris, Presses de la Fondation nationale des sciences politiques, 1996.

Sacks Wolfang, Esteva Gustavo, *Des ruines du développement* (trad.), Paris, Le Serpent à Plumes, 2003.

Simo David, (dir.), *La politique de développement à la croisée des chemins. Le facteur culturel*, Yaoundé, Éditions CLE, 1998.

----------------------, *Survivre au développement. De la décolonisation de l'imaginaire économique à la construction d'une société alternative*, Paris, Mille et une nuits, 2004.

Travaux académiques

Bidias Réné, Un demi-siècle d'Assistanat international pour le développement en Afrique subsaharienne : 1960-2015. Rétrospective et prospective, Thèse de Doctorat *P.hD* en Histoire, 2018.

Bouangui Vincent Thierry, Le concept de développement durable : le cas de l'Afrique subsaharienne, Mémoire de DEA en Droit public, Université de Reims Champagne-Ardenne, 1995

Kouoh Roger, L'action de la CEEAC dans la gestion durable des ressources naturelles et de la biodiversité du bassin du Congo, Mémoire de Master en Relations internationales, Université de Yaoundé II-IRIC, 2019.

Kwedi Mbeng Emmanuel, L'impact du rapport Brundtland sur les politiques de développement des États africains. Une approche socioanthropologique des enjeux de la coopération nord-sud, Mémoire de Diplomatie, IRIC, 2014.

Lobhe Bilebel Noé Serges, Histoire de l'idée de la réforme de l'Organisation des Nations unies de 1945 à 2015, Thèse de Doctorat *P.h.D* en Histoire des relations internationales, Université de Yaoundé I, 2015.

Omgba Owono Fridolin, Le Cameroun et la diplomatie environnementale, 1964-2015, Thèse de Doctorat *P.hD* en Histoire, Université de Yaoundé I, 2021.

Articles des revues scientifiques

Benicourt Emmanuelle, "La pauvreté selon le PNUD et la Banque mondiale", in *Études rurales*, consulté le 03 janvier 2016 sur http://etudesrurales.revues.org/68

De Sardan Jean-Pierre Olivier, « Le développement comme champ politique local », *Bulletin de l'APAD*, juin 1993, Consulté le 12 septembre 2016. À l'URL : http://apad.revues.org/2473.

Kiss André Christian, Doumbé-Billé Samuel « Conférence des Nations Unies sur l'environnement et le développement (Rio de Janeiro-juin 1992) » *Annuaire français de droit international*, volume 38, 1992. pp. 823-843.

Matasci Damiano, « "Un rendez-vous africain" l'Unesco, la fin des empires coloniaux et plan d'Addis-Abeba (1945-1961) », *Histoire politique*, n°41, 2020, pp. 1-15.

Virally Michel, "La 2e décennie des Nations Unies pour le développement. Essai d'interprétation para-juridique", *Annuaire français de droit international*, Vol.16, 1970, pp.9-33.

Trabelsi, « Les Objectifs du Développement durable (ODD) »,in*ResearchGate,*2018,https://www.researchgate.net/publication/328338342

Articles d'*Afrique Relance* et *Afrique Renouveau*

Amoako Kingsley, "L'initiative : une occasion pour l'Afrique", *Afrique Relance*, n°1, vol.9, Nations Unies, juin 1995, p.10.

Bentsi-Enchill K.Nii, "Soutien réservé à la diversification", *Afrique Relance*, n°2, vol.8, Nations unies, décembre 1992, p.9.

---------------------, "L'initiative spéciale relève les défis de l'Afrique avec une nouvelle vigueur", *Afrique Relance*, n°4, vol.11, Nations Unies, décembre 1992, p.9.

Blackman Kenneth, "Pour une société de l'information", *Afrique Relance*, n°1, vol.9, Nations Unies, juin 1995, p.27.

Collins Caroline, "La Banque lie la santé à la croissance", *Afrique Relance*, n°2, vol.7, Nations Unies, octobre 1993, p.14.

Harsch Ernest, "La voie à suivre pour l'Afrique", *Afrique Relance*, n°2, vol.8, Nations Unies, décembre 1992, p.7.

-----------------, "Population : vers une entente globale", *Afrique Relance*, n°2, vol.8, Nations unies, décembre 1992, p.6.

----------------, "Priorité à la bonne gouvernance", *Afrique Relance*, n°1, vol.9, Nations unies, juin 1995, pp.16-19.

Ighobor Kinsley, "Tendance : l'Afrique a ses philanthropes", *Afrique Renouveau*, Département de l'information des Nations Unies, décembre 2013, p.18.

Irving Jacqueline, "Avenir incertain pour les PMA", *Afrique Relance*, n°2, vol.12, Nations unies, décembre 1998, p.3.

-------------------, "La Banque mondiale : mieux cibler l'aide", in *Afrique Relance*, n°3, vol.12, Nations unies, décembre 1998, pp.20-22.

Katsouris Christina, Bentsi-Enchill K.Nii, "L'Afrique confrontée à la baisse de l'aide et à la hausse de sa dette", *Afrique Relance*, n°1, vol.9, Nations unies, mars 1998, p.7.

Laishley Roy, "Crise de l'aide à l'Afrique : baisse des prêts de la Banque mondiale", *Afrique Relance*, n°2, vol.7, Nations Unies, octobre 1993, p.10.

Lone Salim, "Le débat sur les réformes change d'axe", *Afrique Relance*, n°1, vol.9, Nations unies, juin 1995, pp.8-9.

Mwaura Peter, "L'Afrique se branche sur internet", *Afrique Relance*, n°1, vol.9, Nations unies, juin 1995, p.26.

Novieki Margaret, "Promouvoir l'éducation de base", *Afrique Relance*, n°1, vol.9, Nations unies, juin 1995, pp.10-11.

Sadik Nafis, "La population joue un rôle central", *Afrique Relance*, n°1, vol.9, -Nations unies, juin 1995, p.25.

Sambira Jacques, "Les États-Unis pilotent un plan d'électrification en Afrique" *Afrique Renouveau*, Département de l'information des Nations Unies, août 2013, p.4.

Smith Patrick, "La dette de l'Afrique : espoirs déçus", *Afrique Relance*, n°2, vol.12, Nations unies, décembre 1998, p.12.

Speth James Gustave, "L'initiative enregistre des progrès", *Afrique Relance*, n°1, vol.9, Nations unies, juin 1995, pp.6-12.

Rapports du Secrétaire général de l'ONU

Nous, les peuples, le rôle des Nations Unies au 21ᵉ siècle, Rapport du Secrétaire général de l'ONU à la 54ᵉ session de l'Assemblée générale, New York, Édition des Nations Unies, 2000.

Examen et évaluation finals du programme d'action des Nations Unies pour le redressement économique et le développement de l'Afrique, 1986-1990, Nations Unies, New York, 1991(TD/B/1280/Add.1/Rev.1), Rapport du Secrétaire général de la CNUCED

Initiative spéciale du système des Nations Unies pour l'Afrique dans le cadre de l'examen final du Nouvel Ordre du jour des Nations Unies pour le développement de l'Afrique dans les années 90, Rapport du Secrétaire général, Nations-Unies, Conseil économique et social, 2002 (E/AC.51/2002/8),

Autres rapports des organes de l'ONU

Assemblée Générale, *Résolution adoptée sur le Rapport du Comité plénier ad hoc de la 13ème session extraordinaire*, juin 1986.

CEA, *Rapport économique sur l'Afrique 1990* (E/ECA/CM.16/13).

CNUCED, *Le développement économique en Afrique. De l'ajustement à la réduction de la pauvreté : qu'y a-t-il de nouveau ?,* New York et Genève, 2002.

PNUD, *La lutte contre la pauvreté en Afrique subsaharienne,* Paris, Economica, 1999.

PNUD, *Vaincre la pauvreté humaine*, 2000.

Publications des Nations unies, *Revendiquer les Objectifs du millénaire pour le développement, une approche fondée sur les droits de l'homme*, New York/Genève, 2008.

Rapport OMD 2014, *Évaluation des Progress réalisés en Afrique dans la réalisation des Objectifs du millénaire pour le développement. Analyse de la position commune africaine sur le programme de développement pour l'après 2015*, ECA, UA, BAD, PNUD,

Nations Unies, *Rapport 2015, Objectifs du Millénaire pour le développement*, New York, 2015.

Nations Unies, Document officiel, *Résolution AG/567/090 portant sur le Plan de développement global proposé par le président Joseph NANVEN GARBA lors de la dix-septième session spéciale de l'Assemblée générale du 13 au 17 août 1990, New-York*, Département d'information des Nations Unies, 1990, pp.1-167. (Archive numérique n°AG/567/090).

TABLE DES MATIERES

Structures éditoriales du groupe L'Harmattan

L'Harmattan Italie
Via degli Artisti, 15
10124 Torino
harmattan.italia@gmail.com

L'Harmattan Hongrie
Kossuth l. u. 14-16.
1053 Budapest
harmattan@harmattan.hu

L'Harmattan Sénégal
10 VDN en face Mermoz
BP 45034 Dakar-Fann
senharmattan@gmail.com

L'Harmattan Cameroun
TSINGA/FECAFOOT
BP 11486 Yaoundé
inkoukam@gmail.com

L'Harmattan Burkina Faso
Achille Somé – tengnule@hotmail.fr

L'Harmattan Guinée
Almamya, rue KA 028 OKB Agency
BP 3470 Conakry
harmattanguinee@yahoo.fr

L'Harmattan RDC
185, avenue Nyangwe
Commune de Lingwala – Kinshasa
matangilamusadila@yahoo.fr

L'Harmattan Congo
219, avenue Nelson Mandela
BP 2874 Brazzaville
harmattan.congo@yahoo.fr

L'Harmattan Mali
ACI 2000 - Immeuble Mgr Jean Marie Cisse
Bureau 10
BP 145 Bamako-Mali
mali@harmattan.fr

L'Harmattan Togo
Djidjole – Lomé
Maison Amela
face EPP BATOME
ddamela@aol.com

L'Harmattan Côte d'Ivoire
Résidence Karl – Cité des Arts
Abidjan-Cocody
03 BP 1588 Abidjan
espace_harmattan.ci@hotmail.fr

Nos librairies en France

Librairie internationale
16, rue des Écoles
75005 Paris
librairie.internationale@harmattan.fr
01 40 46 79 11
www.librairieharmattan.com

Librairie des savoirs
21, rue des Écoles
75005 Paris
librairie.sh@harmattan.fr
01 46 34 13 71
www.librairieharmattansh.com

Librairie Le Lucernaire
53, rue Notre-Dame-des-Champs
75006 Paris
librairie@lucernaire.fr
01 42 22 67 13